# VENDAS DISRUPTIVAS

*Menos teoria mais prática!*

 **Foco & Valor**

*A Laura, minha filha,*

*com quem aprendi a conjugar o verbo amar.*

# AGRADECIMENTOS

Este texto é o resultado não apenas de estudos acadêmicos, mas também da peregrinação e da experiência de muitos anos. Em minha travessia, encontrei uma infinidade de guias, parceiros, aliados e desafios. Cada um deles deixou em mim sua marca e sua sabedoria.

Ao meu pai e sua nobreza, à minha mãe e sua vontade de viver, à meu irmão meu mentor.

À Naiana Bernardi, a quem admiro como mãe, esposa e profissional; muito sensível companheira de viagens, de sabores, de vida e que possui profunda habilidade de se relacionar.

Às instituições, empresas, organizações e pessoas que as formam, que confiaram em mim, dando-me a oportunidade de compartilhar meus aprendizados.

Aos meus clientes, alunos e ouvintes dos meus cursos que, com seu entusiasmo e desejo de aprender, me possibilitaram muitas vezes enxergar novas formas de inovar e vender, alimentando e me ajudando nas minhas ações.

A todos, meus mais sinceros e profundos agradecimentos.

Bruno Alves

# SUMÁRIO

# INTRODUÇÃO

Muitos proprietários e gerentes de empresas se esforçam para criar modelos de negócios que se destaquem em um mercado. Se tiverem sucesso, terão a oportunidade de definir as regras do jogo e dominar o futuro. Eles podem definir como seus negócios irão evoluir.

Embora provocar a disrupção de um mercado seja uma ideia atraente, apenas algumas tentativas funcionam. Criar uma oportunidade de mercado não é sobre um produto, uma tecnologia ou uma nova forma de mídia. É sobre como você aborda o seu negócio.

Este livro discute como construir um modelo de vendas disruptivo. Se você quiser aumentar sua receita, seus clientes em menos tempo, a discussão aqui apresentada deve estar profundamente incorporada em sua estratégia global.

O objetivo principal é trazer o que existe de mais relevante e atual em conteúdo para desenvolver novas habilidades em pessoas que buscam potencializar o seu negócio e com isso aumentar os seus ganhos.

Veremos as novas tendências de mercado e o que especialistas pelo mundo inteiro estão falando sobre vendas, marketing, tecnologia, financeiro, processos e muito mais.

Existe uma enxurrada de novos conceitos e práticas que estão surgindo a todo momento pelo mundo e que ainda são pouco disseminados nos meios empresariais. Por isso, buscamos trazer muito conhecimento, dicas valiosas e exemplos de utilização destas técnicas voltadas para a realidade de empresas dos mais diversos portes e segmentos.

Sejam muito bem-vindos e aproveitem a leitura.

# INOVAÇÃO DISRUPTIVA

Você deve estar curioso para saber o que vem a ser uma venda disruptiva, tema deste livro, talvez você nem saiba muito bem o que quer dizer a própria palavra *"disruptivo"* que atualmente vem sendo muito utilizada nos meios empresariais e muitas vezes até de forma errada, mas disso nós falamos mais adiante.

E para vocês que já sabem o que significa ou tem uma boa noção, já ouviram falar e querem saber o que isso tem a ver com vendas ou a sua forma de vender alguma coisa, calma que chegaremos lá!

Antes de tudo, vamos saber de onde saiu este termo.

*"Disruptive innovation"*

A teoria da inovação disruptiva foi criada pelo professor de Harvard Clayton M. Christensen em sua pesquisa sobre a indústria do disco rígido e mais tarde

3

popularizado pelo seu livro O Dilema da inovação, publicado em 1997.

A teoria explica o fenômeno pelo qual uma inovação transforma um mercado ou setor existente através da introdução de simplicidade, conveniência e acessibilidade, onde antes existiam complicações e alto custo.

Inicialmente, uma inovação disruptiva é originada em um nicho de mercado que pode parecer desinteressante em termos estatísticos e históricos da indústria, mas, eventualmente o novo produto ou ideia redefine completamente esta indústria.

Um artigo da Harvard Business Review diz que inovação disruptiva é um processo no qual uma empresa menor e com menos recursos é capaz de desafiar com sucesso as grandes empresas estabelecidas.

Mercados e setores da indústria estão passando por uma transformação digital. Aquela velha abordagem: "vamos esperar para ver" hoje em dia não funciona. Sua marca, seus produtos e seus serviços sempre terão de evoluir, em processo contínuo, para permanecer relevante em um mundo dominado pelo aumento da disrupção.

*"A disrupção começa quando você cria algo. Não se trata de iniciar um novo produto. É sobre criar e começar um novo mercado."*

Uma inovação disruptiva precisa começar com uma pergunta simples:

Existe uma maneira melhor de se fazer isso?

Observar como as coisas são feitas (processos) e aplicar tecnologia, é um caminho simples para ter bons insights de novos modelos de negócios.

Existem a nossa disposição, ferramentas e tecnologias para ajudar a melhorar o que temos atualmente. Uber, Airbnb e Netflix, por exemplo, se concentraram na utilização de novas ferramentas e tecnologias para reinventar um serviço existente.

Criado em 1998, a Netflix revolucionou a indústria de locadoras de vídeos no mundo todo. Um mercado até então dominado pela BlockBuster (grande franquia de locação de dvd's) que, apesar de suas enormes lojas e grande variedade de vídeos, se mantinha presa ao tradicional modelo de pagamento por diárias.

O problema deste modelo é que ele possuía uma grande fraqueza: a falta de conveniência do deslocamento às lojas físicas e o modelo punitivo de multas pelo atraso na devolução dos vídeos.

Os fundadores da Netflix, Marc Randolph e Reed Hastings, atentos a esses problemas resolveram criar um modelo de aluguel de DVDs por correios por assinatura.

5

Isso mesmo, pelo correio!

Neste primeiro modelo de negócio da Netflix, clientes pagavam um valor fixo mensal e podiam ter até um DVD por vez em sua posse para assistir quando e como quisessem. Para alugar um novo DVD era necessário devolver o que já estava alugado. Nele, não existiam multas por atraso e nem necessidade de se deslocar até as lojas. Tudo era feito pelo website da empresa e pelos correios que traziam e buscavam os DVDs alugados. A empresa conseguia ter lucro se os clientes alugassem até 7 DVDs por mês, mas a média dos clientes ficava entre 3 e 4 DVDs.

Atentos novamente as mudanças tecnológicas do mercado, como o avanço da velocidade de conexão e de eletrônicos conectados à internet (como Smart TVs), seus fundadores migraram o serviço para o streaming online, migrando para um novo modelo de negócio da netflix. Desta forma, os clientes passaram a poder assistir quantos filmes quisessem no exato momento em que desejassem (on-demand) pelo mesmo custo mensal cobrado anteriormente. A mudança foi um sucesso, e rapidamente eliminou de vez a operação de locadoras de DVDs.

As novas tecnologias poderiam redefinir a experiência do cliente?

Como todos nós sabemos, a resposta é…SIM!

# PENSAMENTO DISRUPTIVO

E como poderíamos trazer o conceito da inovação disruptiva para o nosso trabalho?

Experimente ficar atento e principalmente curioso as coisas que acontecem ao seu redor. Tente exercitar propor soluções simples para pequenas coisas, por mais "absurdas" que sejam – tipo trocar de canal com o piscar de olhos – seria incrível não é mesmo! Talvez este exemplo já até seja uma realidade quando você estiver lendo este livro. Mas o princípio do pensamento disruptivo é o mesmo. O inconformismo com as regras e obsessão em facilitar as coisas.

*"Simplificar o óbvio!"*

Eu particularmente, tenho pensado cada vez mais nos avanços tecnológicos que vemos ou ouvimos falar todos os dias.

Tecnologias disruptivas, inovadoras, geniais!

7

Mas também, tenho pensado se veremos mais tantas tecnologias disruptivas ou se veremos cada vez mais o uso disruptivo das tecnologias já existentes.

Costumo citar como exemplo o PowerPoint, ferramentas de produtividade que cria apresentações que talvez você conheça e inclusive já tenha usado. Essa ferramenta está instalada e em uso em mais de 80% dos computadores no mundo e me arrisco a dizer que a maioria dos usuários não utiliza nem 10% dos recursos disponíveis dessa ferramenta. Para isso basta acompanhar apresentações sofríveis, mal elaboradas e que não despertam engajamento algum.

Outro bom exemplo são os smartphones que todo mundo quer e na maioria dos casos é absolutamente subutilizado.

Hoje temos à disposição, uma variedade imensa de aplicativos para os mais diversos usos, mas ainda assim vejo pessoas que mal sabem utilizar os recursos de forma produtiva como a agenda inteligente por exemplo onde você pode registrar seus compromissos por comando de voz e ser avisado que horas tem que sair para não se atrasar, como está o transito até o local de sua reunião, se vai chover, entre outros recursos dependendo do que seja necessário.

Acredito que em breve teremos um aumento considerável da utilização ainda mais efetiva desses aplicativos.

São poucas as pessoas que tentam maximizar o uso dos recursos disponíveis nos dispositivos. Nos mais diversos. Desde um simples aparelho de micro-ondas ao mais sofisticado Smartphone.

Já temos gente utilizado o smartphone para fazer reportagens, para gravar entrevistas, para gravar e editar vídeos e fotos e em muitos casos o smartphone ou o Tablet são as únicas ferramentas de trabalho.

Mas imagine se a grande massa, a maioria das pessoas conseguisse enxergar nesses equipamentos uma ferramenta para realmente pode ajudá-los no dia a dia.

Utiliza-se muito o smartphone para acompanhar as redes sociais ou trocar mensagens de Chat, tirar fotos, selfies e só! Calma! Eu sei que se pode fazer muito mais que isso, mas a realidade é que nem todo mundo sabe disso.

Vejo por exemplo alunos escrevendo um monte de texto, observações com caneta e papel para depois passar a "limpo" o texto. E não estou falando somente de alunos do ensino fundamental e do colegial não.

Esses, acredito que até fazem mais uso dos recursos eletrônicos disponíveis.

Os alunos em geral, só não usam mais recursos de tecnologia pela absoluta falta de capacidade dos professores de procurar incentivar e até mesmo de adequar o conteúdo da aula para permitir maior uso dessas "modernidades", para engajar mais os alunos e fazer com que eles tenham mais interesse pelo assunto.

Vejo alunos de curso superior gravando horas e horas de observações e transcrevendo esse material depois. Hoje já temos aplicativos e recursos disponíveis, de texto para voz e vice-versa. Com uma precisão bem razoável. Isso aumentaria bastante a produtividade.

Isso a meu ver é uso "disruptivo" das tecnologias existentes.

Fico imaginando como seria a utilização de Apps para uma espécie de *"cross-marketing"*. Imagine um App de jogos de carros fazendo propaganda de maneira não agressiva ou mesmo invasiva de um fabricante de veículos. Não promoção, mas informação institucional, relevante, interessante que chame a atenção do usuário de forma que ele se interesse e vá ao site do fabricante.

Que tal fazer pequenas inserções de 5 segundos, com mensagens subliminares, para os usuários de uma indústria de eletrônicos sobre viagens, lugares exóticos, praias, etc. Ou sobre uma marca de roupas especificas, tudo contextual.

Por contextual digo que o usuário de Excel que utiliza a ferramenta por longos períodos, poderia receber informações financeiras ou ainda sobre cursos de especialização em finanças, diretamente na ferramenta, sem ter que necessariamente abrir um browser e navegar pela Internet para ver banners de promoções e afins.

Provavelmente, o cruzamento de informações de diversas fontes utilizando o Big Data, e com mudanças na legislação, obviamente, teremos alguns desses cenários sendo explorados, como no filme *Minority Report* que mostra o ator Tom Cruise caminhando pelas ruas ou pelo shopping e tendo a sua íris scaneada em tempo real e visualizando imediatamente ofertas que condizem com seu comportamento de consumo.

Imagino não mais do mesmo, utilizar isso para ficar enchendo o saco do usuário enviando promoções, ofertas e piscando na tela mensagens do tipo "Compre Agora!!".

Imagino um conteúdo que traga informação, que chame a atenção do interlocutor e não que encha o saco dele e o deixe com vontade de desligar todos dispositivos à sua frente.

Já existem empresas fazendo isso, mas com certeza, em pequena escala, mas que devem explodir nos próximos anos com a proliferação da internet das coisas.

*"Internet das Coisas" se refere a uma revolução tecnológica que tem como objetivo conectar os itens usados do dia a dia à rede mundial de computadores.*

Cada vez mais surgem eletrodomésticos, meios de transporte e até mesmo tênis, roupas e maçanetas conectadas à Internet e a outros dispositivos, como computadores e smartphones.

A ideia é que, cada vez mais, o mundo físico e o digital se tornem um só, através dispositivos que se comuniquem com os outros, os data centers e suas nuvens.

Aparelhos vestíveis, como o Google Glass e o Smartwatch, transformam a mobilidade e a presença da Internet em diversos objetos em uma realidade cada vez mais próxima.

# CLIENTES NO CENTRO DE TUDO

Toda empresa alega que é centrada no cliente. Pelo menos esse é o discurso, porém a realidade vem sendo muito diferente. Entre aqueles que pensam que conhecem seus clientes enquanto seus clientes pensam que não e aqueles que coletam dados sem usá-los, o escopo é amplo.

*"Ser centralizado no cliente significa conhecer e entender o cliente."*

Ser centrada no cliente pode significar coisas muito diferentes, dependendo da pessoa que assume o discurso. Ele varia de *"deliciar o cliente"* para *"atormentá-los até que eles comprem"*. Muitas vezes a palavra é desvirtuada e a obsessão com o cliente se torna obsessão por sua carteira. Nem mesmo menciono organizações tão obcecadas com o cliente que esquecem seus funcionários, que, em consequência, esquecem seu empregador e seus clientes.

Não. Ser centralizado no cliente significa atender às necessidades do cliente. É ter o produto que atenda às suas necessidades, em vez de tentar criar necessidades que atendam ao seu produto. Não está parando no meio do caminho porque "ele tem que se contentar com isso". É preciso conhecer e entender o cliente, quais são as duas coisas diferentes.

Conhecê-lo é ter dados suficientes para dizer quem ele é em termos de demografia e comportamentos de consumo. Entendê-lo é a partir disso para antecipar suas reações e necessidades. É entender os mecanismos que irão desencadear a decisão de compra, o que o fará satisfeito, o que o fará recomendar uma marca ou um produto.

Conhecer o cliente não é apenas para e-mails segmentados

Infelizmente, na maioria dos casos, o conhecimento do cliente é usado apenas para publicidade direcionada, independentemente do canal usado para ~~harry~~dirigir-se ao cliente. Conhecer os clientes significa tomar decisões com base no cliente e na experiência do cliente. Escolher o anúncio certo para o produto certo é uma decisão, mas falta ambição quanto às expectativas do cliente e o que a tecnologia torna possível.

Mas a estrada será muito longa. Um estudo da Forrester publicado nesta primavera mostra que:

• 95% das empresas não conseguem entender os dados dos clientes e lutam para obter insights em tempo real a partir deles.

• Apenas 38% priorizaram o uso de dados para tomar decisões que afetam a experiência do cliente.

• apenas 23% podem executar sua estratégia CX com muito sucesso.

Um reconhecimento desastroso para o presente que pode até nos fazer esperar o pior para o futuro.

## Como gerenciar os clientes?

*"Não é possível gerenciar clientes sem conhecê-los!"*

Todos nós sabemos lá no fundo que *"você não pode medir o que você não pode gerenciar"*. Na era dos dados e da computação cognitiva, também podemos dizer que *"só podemos gerenciar o que conhecemos"*. É difícil gerenciar clientes nesse contexto.

*Gerenciar clientes? Mas para quê?*

As empresas gerenciam produtos, gerenciam tecnologia, mas não gerenciam clientes. Os clientes têm suas próprias vidas, eles gerenciam a si mesmos e essa é a razão pela qual tentamos entendê-los, certo? Encontrá-los sempre que possível e até fazê-los vir sozinhos?

Na prática, é o que ainda vemos acontecer nos dias de hoje, mas este pensamento está totalmente errado numa visão mais ampla de futuro.

*"O futuro do seu negócio está nos seus clientes, não nos seus produtos."*

Ainda hoje, conversando com um de meus clientes, ele me contou algo que me chamou a atenção. *"O que precisamos mostrar para os nossos vendedores é que eles não estão gerenciando produtos ou tecnologias, mas clientes"*. Pode parecer óbvio se for pensar, mas na verdade qual empresa consegue praticar de fato essa filosofia?

Gerenciando clientes em vez de gerenciar produtos, o que isso significa.

Gerenciar produtos é simples de entender. Foi assim que fizemos negócios a vida toda. Com mais ou menos talento, esperteza e sucesso, mas esse é o normal atual. As empresas gerenciam produtos e tentam atrair clientes. O fundamental é o produto. Um negócio é definido por sua indústria, depois por seus produtos e, no final, tenta trazê-lo aos clientes.

Mas isso foi antes.

Em 2015, vi em um estudo da PWC que, para a maioria dos CEOs, o futuro da concorrência era entre indústrias e que eles estavam tentando abordar novas indústrias nos anos seguintes. O que significa que o futuro estava entregando experiências consistentes de ponta a ponta, o que requer melhorar a oferta de uma pessoa adicionando outras intimamente relacionadas (na cadeia de experiência ...). Outra abordagem também é identificar os principais ativos e usá-los no novo setor. E o estudo já disse que as empresas devem se concentrar mais em seus clientes e menos em seu setor. Mas para fazer isso, para ser legítimo, para entender o que os clientes precisam, para ser seguido pelos clientes, uma empresa deve se concentrar no cliente, não no produto.

Exemplos?

Isso é o que ajudou a Apple a sair da sua loja de computadores para vender música, telefones, mp3 players. Isso permite ao Google ser, ao mesmo tempo, um mecanismo de pesquisa, uma agência de publicidade e um fornecedor de soluções de escritório. É nisso que a AXA aposta para se tornar mais do que uma seguradora. Isso é o que fará com que o Orange Bank seja um sucesso ou não. Eu nem sequer menciono a indústria automotiva.

Por outro lado, a lista de empresas que não entendiam a necessidade de se deslocar para outros setores e estão morrendo lentamente em sua mãe um ou tentaram fazer esse movimento, mas não foram seguidas pelos clientes é maior do que uma lista telefônica.

## Ferramentas de Gerenciamento

Uma recente pesquisa com profissionais de consultoria descobriu que 55% dos diretores e gerentes teriam um maior impacto no desenvolvimento de novos negócios a partir de uma gestão mais estratégica de utilização das melhores ferramentas para gerenciar seus relacionamentos comerciais.

Você pode já ter tentado usar algum CRM no passado e acabou descobrindo da pior forma que ele não faz o trabalho sozinho. Você provavelmente já ouviu a estatística comumente compartilhada: *"63% das iniciativas de CRM falham"*. Mas o fato é que a maioria das comunicações com clientes acontece fora de um CRM por meio de e-mails e telefonemas, portanto eles nunca são capturados.

19

As empresas que não usam o CRM acabam usando planilhas do Excel e compartilhando documentos na nuvem. E atualizações de status acontecem via e-mail. Se você se considera uma dessas "firmas" – deu para sentir o tom de ironia? -, como você sabe se todas as pessoas da sua empresa estão engajadas com todos os clientes com quem devem se engajar? Existem grupos de difícil acesso dentro de seus clientes existentes além de sua penetração atual? Tem certeza de que está fazendo tudo o que deveria ser para um envolvimento maior? Você pode estar perdendo oportunidades de crescimento o tempo todo, mesmo quando você não percebe que está perdendo.

Felizmente, há um jeito melhor.

E se você pudesse obter facilmente o conhecimento de relacionamento ("quem sabe quem") e capturar e transferir conhecimento institucionalizado no curso normal de fazer negócios sem nenhum esforço adicional de ninguém?

E se você soubesse exatamente quem de sua empresa estava engajado com quem em sua base de clientes existente e clientes em potencial?

Se você pudesse filtrar, priorizar insights de todas as comunicações entre seus funcionários e seus clientes à medida que acontecem, o que você vê?

O que você descobriria sobre seus clientes ou clientes em potencial que o ajudariam a prevenir proativamente problemas ou a conquistar novos negócios?

Como você poderia diferenciar melhor sua empresa de seus clientes existentes e de novas contas com essas percepções?

Ao transformar a maneira como sua empresa trabalha com os clientes, você pode usar os relacionamentos com seus clientes como base para uma verdadeira vantagem competitiva. Aqui estão algumas práticas recomendadas que você pode implementar para envolver os clientes em meio à interrupção digital:

**1.** Procure maneiras de obter resultados sem gastar muito esforço:

Capture as interações do cliente automaticamente para que seus parceiros não precisem perder tempo com a entrada manual de dados

Adquira percepções proativas e novos relacionamentos, por meio dos quais sua empresa pode ampliar exponencialmente sua base de conhecimento

Use um sistema que seja móvel, intuitivo e não intrusivo, para que sua equipe não apenas realize seu trabalho, mas faça-o rapidamente

**2.** Uma vez que sua empresa esteja automaticamente capturando dados sobre relacionamentos com clientes, o próximo passo é oferecer visibilidade dessas informações para todos os principais interessados. Como esse grau de abertura é contracultura para muitas empresas, o resultado dessa abertura e viabilidade é uma "transparência radical".

Veja como funciona:

Os silos da empresa são divididos, permitindo um novo nível de comunicação e conhecimento interno

Seus parceiros ganham uma compreensão muito melhor de quem sabe quem é o quê

A produtividade acelera rapidamente porque os consultores podem tirar proveito de insights previamente desconhecidos para ultrapassar as barreiras

**3.** No entanto, essas vantagens não são úteis, a menos que você tenha a chance de realizar esses esforços sem problemas para o seu negócio. Para uma solução de tecnologia, isso significa preços com tudo incluído, sem taxas ocultas e outros recursos importantes como:

Nenhum usuário perdido - sua empresa não deveria ter que pagar para licenciar usuários que não usam uma solução de software

Dados e suporte ilimitados, porque a tecnologia é realmente tão boa quanto sua capacidade de se estender à sua empresa e apoiar seus processos

A capacidade de experimentar o software sem fazer um investimento - por que sua empresa compraria um produto sem comprovar seu valor?

E se você pudesse obter até 5% mais produtividade e receita de parceiros geradores de receita? E se a sua empresa pudesse abrir apenas uma nova conta da Fortune 1000? Os benefícios e o impacto que o software de CRM pode ter em sua empresa de consultoria são reais e estão ao alcance de seus dedos.

# A EXPERIÊNCIA DO CLIENTE

*"Qualquer serviço prestado ao cliente tem como base sua experiência ao ser atendido. "*

É o chamado *Customer Experience.*

Independente desse atendimento ser pessoal, via telefone ou online a experiência do consumidor deve ser valorizada da mesma forma, afinal de contas esse pode ser o seu principal diferencial perante seus concorrentes. Atualmente não basta um atendimento excelente é preciso criar uma experiência memorável para seu cliente.

Graças a tecnologia disponível, as empresas podem se conectar com seus clientes de maneiras novas e envolventes. O serviço em si deixou de ser a única forma de se oferecer uma experiência ao cliente. Agora, a experiência do cliente traz novas maneiras de fortalecer o relacionamento com clientes através de inovações tecnológicas e assim, torna-se necessário focar na experiência do cliente a partir desse momento.

## O que é a experiência do cliente?

A experiência do cliente é definida pelas interações entre um cliente e a empresa em todo o período que ambos estão em contato. Uma interação pode incluir desde o primeiro contato com o cliente, quanto ele está no topo do funil até o momento em que ele está engajado com a marca.

A experiência do cliente acontece durante todo esse processo e a razão de sua importância é principalmente pelo fato de que é mais provável que um cliente faça a recompra tornando-se fiel após experimentar uma relação positiva com a marca do que se essa primeira experiência for negativa. Neste caso é provável que ele não compre mais da marca e não a indique para seus amigos e conhecidos.

Um estudo da Oracle descobriu que 74% dos executivos acreditam que a experiência do cliente influencia para ele tornar-se um defensor da marca. Portanto se você deseja que seus clientes sejam fiéis a marca, indiquem seus produtos ou serviços para outras pessoas e compartilhem nas redes sociais a filosofia da marca, é importante investir na experiência de seu cliente.

Quanto mais feliz seu cliente está com a marca, mais fiel ele será. E por isso, se você trata seus clientes mal e ignora os seus e-mails de atendimento ao cliente, então eles são mais propensos a sair. É por isso que as empresas que oferecem um serviço ao cliente superior e uma experiência surpreendente se destacam no mercado.

Para criar uma grande estratégia de *Customer Experience* que irá melhorar a satisfação do cliente e reduzir o *churn* (fuga dos clientes) temos seis pontos fundamentais:

## Como aplicar uma experiência ao cliente?

1.Crie uma cultura dentro da empresa

O primeiro passo na sua estratégia de *Customer Experience* é focar na cultura da empresa, deixando claro para todos a valorização do cliente e da comunicação entre ele e sua organização. A maneira mais fácil de definir a cultura da empresa é criar um conjunto de instruções que atuam como princípios orientadores.

Uma vez que esses princípios estão definidos, eles vão conduzir o comportamento de sua organização. Cada membro da equipe deve ter conhecimento sobre estes princípios e você deve incorporá-los em todos os momentos de treinamento.

## 2. Entenda quem são seus clientes

O próximo passo é dar vida a diferentes tipos de clientes que estão em contato direto com a empresa. Para poder compreender as necessidades reais dos clientes é preciso se conectar com eles e ter empatia com as situações que os seus clientes enfrentam no dia-a-dia.

Uma maneira de fazer isso é criar personas e dar a cada persona um nome e personalidade. Com a criação de personas, a sua equipe de atendimento ao cliente pode reconhecer qual o perfil de cada um e entendê-los da melhor forma.

## 3. Crie uma conexão emocional com seus clientes

Preste atenção não ao que você diz para o cliente, mas sim como você diz ao cliente. As melhores experiências com o cliente sem dúvida acontecerão quando você criar uma conexão emocional com ele. As emoções moldam as atitudes e impulsionam as decisões.

Os clientes se tornam fiéis, porque eles estão emocionalmente ligados a marca e eles se lembram como se sentem quando usam um produto ou serviço desta marca.

De acordo com um estudo de Harvard intitulado *"The New Science of Customer Emotions "*, os clientes emocionalmente envolvidos são:

- Pelo menos três vezes mais propensos a recomendar o seu produto ou serviço;
- Três vezes mais propensos a recompra;
- Menos propensos a comprar do concorrente (44% disseram que raramente ou nunca compram do concorrente);
- Muito menos sensíveis ao preço (33% disseram que iriam precisar de um desconto de mais de 20% antes de trocar de marca).

4. Escute seu cliente

É preciso saber se você está realmente entregando uma experiência positiva ao seu cliente. E para isso, você precisa perguntar a ele. O ideal é fazer isso através da captura de feedback em tempo real, pesquisas de pós-vendas também podem ser entregues usando uma variedade de ferramentas automatizadas. É importante ter um canal aberto com o cliente para ele sentir-se a vontade ao fazer um feedback.

## 5. Analise o processo

Ao seguir os passos acima, você já sabe o que os clientes pensam sobre a qualidade do seu serviço em comparação com o que você deseja oferecer como experiência ao cliente. O próximo passo então é identificar onde ainda é preciso melhorar.

Pode acontecer de a equipe toda estar com um ponto a ser melhorado, ou então apenas um membro da equipe, independentemente de serem todos ou apenas um é importante focar no aprendizado, se um membro precisa de ajuda para melhorar seu atendimento, ofereça essa ajuda a ele e se a equipe toda pode melhorar ofereça um treinamento em conjunto.

## 6. Analise os Resultados

E, finalmente, como saber se todo esse investimento em suas equipes, processos e tecnologia estão valendo a pena? Para isso, relembre os objetivos definidos para essa estratégia e com os feedbacks dos clientes, analise quais você alcançou e quais precisam de um cuidado especial para melhorar.

Esse será um processo de constantes ajustes, inovar é sempre uma boa alternativa, teste novas oportunidades e em seguida colete o feedback de seus clientes. Se sua inovação foi bem recebida, mantenha-a na estratégia, caso contrário redesenhe sua estratégia de *Customer Experience* visando melhorar sempre.

As expectativas dos clientes são maiores a cada dia, assim como seu nas redes sociais e em outros canais de comunicação. Por isso implantar uma estratégia de *Customer Experience* vem tornando-se cada vez mais importante. As empresas estão percebendo o impacto positivo que um cliente fiel pode oferecer a marca, trazendo maior retenção e aumento de receitas. Dê carinho constante a experiência do cliente e com certeza sua recompensa será surpreendente.

### Porque os clientes defendem uma marca?

Isso é um fato muito simples: o cérebro humano é programado para a reciprocidade. Temos a necessidade de devolver o que recebemos.

Veja esse exemplo: um estudo colaborativo feito por pesquisadores de quatro universidades registraram como levar doces para uma mesa depois da refeição influencia o valor das gorjetas recebidas pelos garçons. Os resultados foram surpreendentes. As pessoas que receberam um pedaço de doce com a conta, deram gorjetas 3% maiores. O interessante é que se fosse entregue o dobro da quantidade de doces, a gorjeta não apenas duplicou, mas quadruplicou.

Sabe o que é mais impressionante? Se eles levam um doce junto com a conta para a mesa, e depois voltam com um segundo doce inesperado, as gorjetas ficam 23% maior.

A maioria das pessoas não percebem que agimos assim, mas sim, nós agimos. Esta necessidade de entregar um valor adicional quando nós recebemos um valor, é a reciprocidade do nosso cérebro entrando em ação.

## Por quê existe a necessidades da reciprocidade?

A reciprocidade é uma necessidade de retribuir de maneira igual o que nós recebemos. Por exemplo, se alguém sorri para você na rua, provavelmente você sorrirá também. Mas por que?

A resposta está na evolução do cérebro humano. Nossos cérebros evoluíram para sentir a noção de reciprocidade porque atualmente nos ajuda a sobreviver. Nós somos mais fortes juntos do que separados. Por essa razão, nossos cérebros evoluíram para evitar interação com pessoas que nos ameaçam e fortalecer a relação com os que nos ajudam. O melhor caminho para nossos cérebros identificar isso é nutrir a relação de acordo com o que

31

recebemos. Se recebemos coisas boas, devolveremos coisas boas.

## Como funciona a reciprocidade?

Como entender o sistema de reciprocidade do cérebro humano ajuda no Marketing de Defensores?

Tudo. O Marketing de Defensores é baseado no valor que os Defensores de Marca podem trazer para uma marca. Então, para conseguir que os Defensores tragam valor para sua marca, é fundamental, antes de mais entregar valor para eles. Esse é o princípio da reciprocidade. Quanto mais valor entregar para seus Defensores de Marca em seu Programa de Defensores, mais valor seu programa gerará.

Mas como entregar mais valor? Existem alguns caminhos e tipos diferentes de valor que pode ser entregue em um programa de defensores. Aqui estão os principais:

Valor de negócios

Eduque seus Defensores. Os melhores programas de defensores ajudam as pessoas a conseguir melhores resultados em seus negócios. Um dos melhores caminhos para isso é através da educação. Isso inclui atividades que ofereçam dicas e recursos para que eles usem seus produtos de uma melhor maneira. Lembre-se que o tempo dos seus defensores é limitado. Não ofereça apenas um link para um e-book e espere que ele leia. Forneça um resumo com os pontos-chave para que ele pegue os principais aprendizados e possas aplicar de maneira rápida e fácil.

Valor Profissional

Ajude seus defensores a expandir sua network e crescer profissionalmente. As pessoas estão procurando caminhos para construir sua rede de relacionamento profissional, fortalecer sua marca pessoal e alavancar sua carreira. Então, se pergunte: como meu programa de defensores pode ajudar as pessoas a crescer em suas carreiras?

Algumas boas maneiras para isso são:

- Facilite a mentoria com os Defensores para ajudá-los a crescer suas redes profissionais
- Encontre oportunidades para que os defensores apresentem suas ideias e sejam vistos por pessoas de sua área
- Eduque os defensores com as últimas tendências da indústria

Seu programa deve ajudar seus Defensores a atingir suas metas profissionais.

## Valor pessoal

Faça seus defensores se sentirem especiais fora do trabalho. Uma das metas do seu programa de defensores é oferecer valor pessoal para seus defensores no seu dia-a-dia. Uma das melhores maneiras de fazer isso é através das recompensas e privilégios que oferece em seu programa.

As recompensas e privilégios podem ser usada para ajudar seus defensores em um nível pessoal, desde que tenham significado e sejam relevantes. A maioria das pessoas quando pensam em brindes ou vale-presente. Isso não é uma grande recompensa, pois geralmente não adiciona um valor significativo para a vida do defensor.

Toda via, você pode encontrar coisas que ressoam com sua audiência em um nível mais profundo, quando você adiciona valor pessoal. Por exemplo, se seus clientes são orientados pelo senso de comunidade e filantropia, ofereça uma recompensa para doação para instituições de caridade. Quanto mais valor você adicionar ao seu defensor, mas sentido ele fará para seus defensores.

## Valor Experiencial

Torne a experiência do seu programa maravilhosa. O valor experiencial é menos sobre o que você está oferecendo e mais sobre como oferece. Surpreenda seus defensores. Entregue mais do que o esperado.

Seu programa de defensores de marca, o melhor caminho para impactar como você entrega valor é através da comunicação. Geralmente existem duas opções: comunicações automatizadas ou personalizadas. Enquanto a comunicação automatizada é efetiva para escalar, a comunicação personalizada cria experiências mais positivas. A chave para o sucesso é encontrar o equilíbrio.

Junte todos!

Busque oferecer diferentes valores dentro de seu programa. Eles se complementam e são adicionais. Lembre-se: Quanto mais valor gerar, mais valor receberá. É a lei da reciprocidade.

## Como transformar clientes em fãs?

O real valor de um cliente vai muito além do valor de sua compra. Cada cliente pode ter seu valor multiplicado dezenas de vezes se bem trabalhado. Além do valor que ele gasta com produtos ou serviços durante seu ciclo de vida com uma marca, o que deve ser levado em conta é o seu potencial para trazer novos clientes.

Todo cliente tem potencial para se tornar um Defensor da Marca, ou seja, aquela pessoa que recomendará uma marca para seus amigos e colegas, seja

35

por uma publicação na rede social, um review, uma indicação direta ou qualquer tipo de ação espontânea que possa beneficiar a empresa a qual ele defende.

A melhor maneira de tornar seus clientes em Defensores de Marca é por meio do relacionamento. Por isso, é importante investir em seus clientes também após a compra. O principal objetivo de toda empresa deveria ser de transformar seus clientes em embaixadores de seus produtos. É a melhor estratégia para garantir o crescimento e a longevidade da empresa.

Vamos mostrar 9 caminhos simples e eficientes para transformar qualquer cliente em um defensor de marca.

1. Tenha foco no cliente e ofereça um ótimo serviço

Oferecer um ótimo serviço deveria ser premissa básica para qualquer empresa e parece óbvio, mas é comum casos de empresas que oferecem mau serviço, bastam lembrar do atendimento oferecido pela grande maioria de empresas de telefonia. Oferecer um serviço de qualidade não exige grandes esforços e nem investimento. Para oferecer um grande serviço é preciso entender as expectativas do cliente e superá-las. Não há muito segredo, mas é sempre bom reforçar esse ponto.

2. Solicite Feedback dos Clientes

Como falamos no item anterior para oferecer um grande serviço para seus clientes é preciso conhecer suas necessidades e expectativas. A melhor forma de fazer isso é perguntado para seus clientes. Solicite o feedback com frequência. Pergunte como foi a experiência de compra, o atendimento, a utilização do produto ou serviço, o que poderia melhorar, o que mais gostou, o que sentiu falta, etc. Além de entender melhor seu cliente, o ato de mostrar que se interessa pelas suas opiniões o tornará mais feliz e satisfeito com sua marca.

3. Surpreenda e seja grato aos seus clientes

Recompensar um cliente por ter indicado um novo cliente sem dúvidas é uma atitude que o deixará contente. Mas já pensou em recompensá-lo por algo que não espera? Por exemplo, se um cliente compartilha um conteúdo importante seu ou escreve um review, que tal surpreende-lo e oferecer algum benefício como agradecimento? Pode ser um desconto na próxima compra, frete grátis, algum mimo. O que você vai oferecer é indiferente, o segredo é surpreender e fazê-lo sentir-se especial.

4. Utilize o Conteúdo Gerado pelo Usuário

O Conteúdo Gerado pelo Usuário é uma grande arma para engajar seus clientes e atrair novos. Todo tipo de conteúdo positivo criado por seus clientes sobre sua marca pode e deve ser utilizado a seu favor. Incentive seus clientes a criar conteúdo sobre sua marca e faça de tudo para promover esse conteúdo. Compartilhe, retweet, curta os posts em redes sociais, utilize as fotos de clientes, transforme suas opiniões em anúncios. Existem diversas maneiras de promover o conteúdo criado por seus clientes.

Esse tipo de conteúdo agrega credibilidade para sua empresa e faz os potenciais clientes a ter mais confiança para adquirir seus produtos. Além disso, o cliente que produziu o conteúdo se sente privilegiado por ter seu conteúdo utilizado pela empresa e se motiva a produzir cada vez mais.

5. Crie senso de comunidade e colaboração

Motive seus clientes a engajar-se com sua marca. As pessoas gostam de se sentirem parte de um grupo e passam a defendê-lo. Crie um espaço onde os clientes possam conversar e debater sobre assuntos relacionados aos seus produtos e serviços. Incentive-os a colaborar entre si. Seus clientes serão mais engajados com sua empresa e mais leais também.

6. Eduque e informe seus clientes.

Ser útil para seus clientes é uma grande maneira de torná-los em defensores de marca. Não tente forçar uma venda a cada interação. Empresas que tem grande crescimento como a Rock Content e Resultados Digitais focam em educar seus clientes e ajudá-los a resolver seus problemas através de artigos, ebooks, webinars e diversos outros materiais. Cada pessoa que é ajudada com algum desses materiais tem grande probabilidade de se tornar um defensor dessas marcas.

## 7. Envie cartas de agradecimento a seus clientes

Pode parecer algo ultrapassado e que ninguém mais utiliza. E é aí que está a parte legal disso. Fazer diferente do que a maioria faz. 68% dos clientes dizem que abandonam uma empresa porque se sentem indiferentes para elas. Enviar uma carta de agradecimento é um simples gesto, mas importante para que seus clientes se sintam valorizados. Tornar cada contato da sua empresa com seus clientes em algo memorável fará a diferença.

## 8. Ofereça um tratamento VIP

Os clientes compram algo muito baseado em como aquela marca os faz se sentir. Ofereça tratamento VIP para seus clientes e faça-os se sentirem especiais. Ofereça acesso antecipado a promoções, a campanhas publicitárias, convide-os para eventos, peça sua opinião, dê acesso aos seus novos produtos. Resumindo, faça com que se sintam especiais!

9. Tenha uma comunicação transparente com seus clientes

Manter seus clientes informados sobre tudo o que acontece é importante para criar confiança. Mostre todo o esforço que acontece nos bastidores para que seu produto ou serviço seja entregue da melhor forma. Deixe claro qual é o processo para chegar até o produto e envolva-os sempre que possível no processo. O Uber é uma empresa que faz isso muito bem. Ao solicitar um carro, é possível acompanhar em tempo real onde o carro está e ter noção do tempo que levará até chegar.

*"Comunicação transparente gera empatia e confiança e mostra que você se preocupa com seus clientes."*

Defensores de Marca são o maior ativo que qualquer empresa pode ter. Tomar atitudes para transformar cada cliente em um defensor da sua marca, fará que a experiência seja mais rica e em pouco tempo você notará que as pessoas estarão apaixonadas por sua marca e eufóricos para espalhar essa paixão para seus amigos e colegas.

# TECNOLOGIAS DISRUPTIVAS

A tecnologia mudou tudo, de compartilhamento de informações e mídia para setores econômicos inteiros, estimulando enormes eficiências em setores como manufatura, serviços financeiros e entretenimento. No entanto, no setor imobiliário por exemplo, construtoras, incorporadoras e corretoras têm sido relativamente lentas em adotar novas tecnologias disruptivas, especialmente em habitações multifamiliares.

Por que imóveis? É um negócio de relacionamento e as redes pessoais confiáveis são essenciais para encontrar e executar transações. Mas o mesmo acontece com as informações e as transações de grande valor dependem da disponibilidade e precisão dos dados. Como o desenvolvimento de imóveis comerciais e multifamiliares tem sido tradicionalmente o domínio de empresas privadas que desenvolvem, possuem e operam suas próprias

41

propriedades, os dados foram separados em vez de compartilhados.

Para alcançar seus públicos-alvo de maneira eficaz através dos canais corretos, os desenvolvedores multifamiliares precisam entender as demandas de um mercado que está evoluindo com velocidade vertiginosa, graças ao nível sem precedentes e crescente de interrupção tecnológica. A escalada da revolução tecnológica nesse campo vai muito além dos avanços em análise de dados, e aqueles que esperam sobreviver e prosperar devem escolher e usar as ferramentas certas.

De imagens aéreas captadas por drones a simulações de projetos de realidade virtual (VR), inovações que antes eram objeto de ficção científica são agora realidade. Mais significativamente, eles aumentam a eficiência, a produtividade e o controle de custos. Mas somente agora o setor imobiliário está se tornando mais proativo na exploração de abordagens com tecnologia para melhorar as operações, administrar propriedades e construir relacionamentos com os clientes.

Diversas empresas e segmentos da economia, inclusive novos negócios, devem reconhecer essa nova realidade e se adaptar de acordo. Como? Aqui estão três maneiras pelas quais as empresas devem adotar tecnologias disruptivas no seu processo produtivo.

## Como empregar análise de dados?

Continuando com o exemplo do setor de imobiliário, o desenvolvimento multifamiliar é basicamente uma administração de fechamento de vendas, e isso significa construir para atender às expectativas do comprador. Podemos perceber que tudo, desde o site e design até as comodidades de construção e os acabamentos afetarão a forma como um comprador valoriza uma possível compra de imóvel. Construtores e desenvolvedores precisam ter uma compreensão completa e texturizada de seus públicos alvos.

A pesquisa de mercado, impulsionada por análises superiores orientadas por dados, é fundamental. As análises nos dizem tendências e padrões não apenas em toda a indústria, mas também em mercados individuais e até bairros específicos. Geralmente são qualidades ou elementos que podem ter consequências significativas, mas são fáceis de perder sem o conhecimento profundo e íntimo de uma área.

Por exemplo, insights minuciosos, como os melhores tipos de acessórios de banheiro, acabamentos e comodidades de construção; que tipo de layouts será mais

43

desejável; ou a quantidade de iluminação que as áreas e unidades comuns exigirão com base nos habitantes prováveis, pode ser extrapolada com a análise preditiva. Eles justificam e substanciam o quadro geral - e os pequenos detalhes que tornam um projeto desejável. Ele nos oferece a capacidade de determinar o que venderá para quem e quanto.

Erros caros podem ser evitados consultando os dados, em vez de confiar em instinto ou experiência pessoal. Por esse motivo, a análise deve ser usada para estabelecer os custos e benefícios de cada decisão no processo de desenvolvimento.

### Como usar tecnologias para ganhar escala?

Graças ao aumento dos custos da terra, taxas de juros mais elevadas e uma oferta de mão-de-obra mais restrita na indústria da construção, os edifícios multifamiliares são muito caros de se construir. Essas realidades econômicas têm espremido as margens dos desenvolvedores multifamiliares, como aponta os estudos recentes. Ao mesmo tempo, a crescente complexidade dos projetos de desenvolvimento multifamiliar tornou o planejamento, o gerenciamento e o monitoramento no local eficazes cada vez mais difíceis e onerosos. Isto é especialmente verdadeiro no setor de condomínios de luxo, de acordo com dados da KPMG.

Explorar a Internet das coisas e suas ofertas de última geração é fundamental para que construtores e desenvolvedores diminuam os custos e melhorem os retornos. Isso inclui tecnologias digitais de última geração, como painéis de locais de trabalho que apresentam todas as informações relevantes em um local no canteiro de obras; Etiquetas de identificação por radiofrequência (RFID) que fornecem rastreamento sem fio de materiais e equipamentos; *wearables* avançados, como capacetes inteligentes que permitem que os trabalhadores sobreponham mapas, esquemas, imagens térmicas e muito mais para ver "através" de objetos sólidos, como canos e paredes; e-forms para coletar e compartilhar dados em tempo real entre todas as equipes em um site de projeto; software de modelagem de informações de construção (BIM) que monitora o progresso a cada momento; e mais.

Até o momento, o ritmo lento de adoção de tecnologia pela indústria de construção reduziu o crescimento da produtividade na construção, mesmo quando outras indústrias melhoraram rapidamente, relata The Economist. Os desenvolvedores multifamiliares que serão bem-sucedidos nos próximos anos serão aqueles que trabalham para identificar e construir relacionamentos com os empreiteiros que darão o próximo salto tecnológico com eles.

## Como adicionar tecnologia ao processo de vendas?

Assim como os consumidores se acostumaram a comprar tudo on-line, os compradores de casas e os profissionais de vendas que os atendem dependem da tecnologia digital. Para os primeiros, isso significa que eles esperam fazer suas pesquisas e ver projetos on-line; para este último, significa que eles devem ser fluentes na linguagem dos vários aplicativos que precisam usar para atender clientes e fazer vendas.

Para os profissionais imobiliários, uma das tecnologias mais importantes a adotar é o software de gerenciamento de relacionamento com o cliente (CRM). As ferramentas de CRM permitem que os usuários gerenciem seus leads de vendas, automatizem processos e segmentem novos clientes em potencial. As soluções de CRM bem executadas também permitem que elas mantenham relacionamentos críticos, apesar da diminuição da interação face a face.

Para os compradores, a fotografia 3D interativa e os tours de realidade virtual possibilitam a visualização de residências potenciais, enquanto aplicativos de mapas como o Google Earth permitem a exploração de bairros inteiros. A RV permite que potenciais compradores façam "passeios" em 360 graus de locais, às vezes no outro lado do planeta, tudo a partir de suas próprias casas, enquanto a realidade aumentada (AR), que cria elementos gerados por computador sobre o mundo real, permite que os potenciais compradores visualizem vários arranjos de mobília, experimentem paletas de cores, testem projetos de iluminação e muito mais. O AR também funciona externamente, permitindo que os desenvolvedores produzam e exibam modelos 3D interativos para a leitura do comprador.

A escrita está na tela: para vender unidades, construtores e desenvolvedores devem adotar essas tecnologias. Uma recente pesquisa com 3.350 compradores de imóveis mostra que 30 por cento da geração X, 41 por cento dos Millennials e 12 por cento dos Baby Boomers fizeram ofertas em casas sem serem vistas. Dado que os Millennials são nativos digitais e compradores do futuro, fica claro que essa tendência pode aumentar exponencialmente no futuro.

# VENDA DISRUPTIVA

Como o termo disruptivo vem ganhando escala e visibilidade, seja pela curiosidade em saber o que é significa o termo, seja pela própria novidade em si, uma das novas tendências de marketing que vem ganhando força é a "venda disruptiva".

Venda disruptiva é definida como qualquer estratégia de marketing que seja suficientemente corajosa, única ou fora do comum para criar um rumor e, consequentemente, vendas.

Pode ser o marketing que é contrário à época do ano em que os concorrentes estão executando campanhas ou que corre na direção oposta de outras campanhas, como a Campanha de Beleza Verdadeira de Dove.

Este contra movimento resulta em maior eficácia e muito menos custo em termos de tempo e dinheiro.

O lançamento de um programa vendas disruptiva de sucesso geralmente segue quatro etapas básicas.

1 O primeiro passo é descartar as ideias pré-concebidas que você pode ter sobre o que faria para um bom programa de marketing. Afaste-se das táticas de vendas preconcebidas

2 O segundo passo é estabelecer um grande objetivo - por exemplo, o número de pessoas que deseja alcançar e a quantidade de vendas que deseja fazer. Afaste-se dos esforços em pequena escala e estabeleça objetivos maiores e com um alvo mais focado.

3 O terceiro passo é olhar para outras indústrias e empresas de todos os tamanhos e tipos e considerar o que eles fizeram a partir de uma perspectiva de vendas e marketing. Afaste-se de sua própria indústria e procure inspiração de indústrias mais interessantes para encontrar ideias.

O último passo é identificar um período em que sua concorrência normalmente não está fazendo vendas ou marketing. Afaste-se dos motoristas sazonais e crie um período de nicho de ano para reunir sua equipe de vendas e campanhas quando ninguém mais está lá fora

O que você finalmente decide fazer deve ser atacado com um abandono imprudente.

49

Muitas vezes, grandes campanhas de vendas são desenvolvidas apenas para serem abandonadas prematuramente porque a campanha não tinha uma estrutura robusta.

Depois de iniciar uma campanha disruptiva, não recue. Continue executando a campanha e espere resultados positivos diretos e indiretos. De fato, o maior retorno do investimento geralmente é encontrado nos resultados indiretos de uma campanha que surgiu sem sua antecipação.

Para encontrar bons exemplos desse tipo de resultado indireto, você pode procurar empresas como Nike, Starbucks, Fox Television, GEICO ou Aflac, para citar apenas alguns. Cada uma dessas empresas usou técnicas de marketing ou vendas disruptivas para se destacar e, portanto, ser notado.

Depois de centenas de roupas esportivas e outras dezenas de acessórios e calçados, a Nike pretende vender, em 2018, o seu próprio hijab – um tipo de véu islâmico.

O "Pro Hijab" será voltado para um grande mercado em potencial: o de mulheres muçulmanas que praticam esportes.

É óbvio que esse mercado de atletas mulheres mulçumanas é o menor dos motivos desta campanha. A Nike quis com isso criar o chamado burburinho seja pela boa intenção seja pela polêmica que causaria. Mas não se engane, tudo isso foi friamente calculado com um único objetivo:

Dar visibilidade a marca e criar um marketing viral, que é muito mais barato e lucrativo.

Para várias dessas empresas, o marketing disruptivo era uma necessidade, porque não podiam implementar programas de marketing "normais"; mas no final, essas campanhas disruptivas foram muito mais bem-sucedidas do que se as empresas tivessem seguido a normal.

Lembre-se, o princípio de venda disruptiva é que o sucesso nas vendas não é para aqueles que fazem as coisas do jeito que todos os outros fazem, mas sim para aqueles que estão dispostos a sair e a fazer as coisas de maneira diferente.

# ESTRATÉGIAS DISRUPIVAS

Se você é vendedor ou responsável pelo gerenciamento de vendas e você não está rastreando as tendências relacionadas a um modelo de vendas de alta velocidade – você pode ter certeza de que seus concorrentes já estão!

Responda o seguinte:

Seu time está pronto para competir?

Considere como esses novos métodos e métricas podem ser aplicados à sua organização, na sua totalidade ou como alguns elementos a sua escolha.

Para conseguir criar modelos de negócio, é preciso trabalhar e viver na vanguarda, estar na liderança onde nascem as próximas novas tecnologias disruptivas.

Falando em tecnologia, você não precisa entender de programação para ter uma ideia genial. Você pode desenhar o modelo ideal e procurar parceiros ou até mesmo contratar profissionais que desenvolvam o que você irá precisar.

Para avançar com um novo modelo de venda competitiva, em muitos casos, pode levar membros da equipe com DNA diferente e um compromisso de melhorar continuamente o processo.

Os especialistas de mercado e os estudiosos setor agora estão começando a dizer que, se as atuais altas lideranças de vendas (Gerentes e Diretores) não colocarem seus esforços em torno desse novo processo, novos líderes talvez precisem ser contratados.

Se você estiver diretamente envolvido na configuração de estratégias e processos de vendas dentro de sua empresa. Eu te digo o seguinte:

*"Não tenha medo do futuro! Torne-se parte dele."*

Não é tão assustador quanto você pensa.

Comece pequeno: desenhe um grupo pequeno dentro de sua empresa de vendas como um piloto, e teste.

Eduque-se nos conceitos, métodos e processos atribuídos ao novo modelo de vendas de alta velocidade e, depois, comece a aplicar alguns ou todos os elementos deste modelo à sua equipe de teste.

E comece aqui, com as 5 principais práticas disruptivas que são fundamentais para um modelo de Vendas de alta PERFORMANCE.

# GERAÇÃO DE LEADS

Muito se fala em geração de leads, mas pouco ainda se sabe a respeito dessa poderosa estratégia de marketing digital.

Se você é uma das muitas pessoas que vivem ouvindo falar a respeito dos famosos leads – e deseja entender de uma vez por todas todo o universo que gira em torno dessa magnífica forma de atrair mais clientes para sua empresa – este guia foi feito para você.

Em primeiro lugar, geração de leads é o processo por meio do qual as empresas adquirem informações sobre potenciais clientes para seus produtos ou serviços.

Em geral esses clientes podem ser fruto de uma lista de nomes e endereços, telefones, e-mails e etc. Logo, quando se fala em marketing digital, o lead é o seu cliente potencial.

Já quando o assunto é a estratégia para a geração desses leads, queremos falar a respeito das estratégias que serão utilizadas pela sua empresa para converter esses leads em clientes.

Para facilitar, entenda da seguinte maneira: todas as vezes em que um usuário preencher um formulário para baixar algum tipo de material gratuito – um e-book na web, por exemplo – ele automaticamente se torna um lead, pois suas informações serão inseridas no banco de dados da sua empresa.

## O que é um lead?

Vamos começar do básico!

Um lead é uma pessoa que, de alguma forma, possui interesse em algum produto ou serviço da sua empresa.

Ou seja, em vez de apenas abordar esses clientes através de estratégias pouco eficazes (como uma ligação intrusiva), a comunicação entre cliente/empresa acontece primeiramente por parte do usuário que, de alguma forma, se sentiu atraído por um produto ou serviço que sua empresa oferece.

Um exemplo simples disso pode ser uma pesquisa online que você decidiu realizar e teve um retorno considerável de pessoas respondendo.

A partir do momento que elas responderam o pequeno formulário que você criou antes de realizar essa pesquisa, (como preencher nome e sobrenome, telefone ou e-mail) automaticamente esse usuário se tornou um lead da sua empresa.

Se esse usuário receber um e-mail da sua empresa posteriormente, perguntando como você poderia ajudá-lo a resolver um problema ou necessidade, esse processo seria muito menos intrusivo do que se você apenas entrasse em contanto sem mais nem menos, oferecendo seus produtos logo de cara para esse usuário, certo?

É a partir dessa perspectiva de negócio que sua empresa conseguirá obter esses dados dos clientes, a fim de só depois tentar ajudá-los a resolver algum problema, desenvolvendo assim uma comunicação mais aberta, para atender suas reais necessidades.

### Por que a geração de leads é tão importante?

*"O processo de compra mudou drasticamente."*

Os comerciantes e as empresas precisam encontrar novas maneiras de alcançar o público em meio a um ruído cada vez maior.

Em vez de utilizar apenas meios não muito eficazes para atingir as pessoas – como publicidade em massa – os comerciantes e as empresas devem agora se concentrar no que realmente está acontecendo ao redor do mundo e desenvolver novas estratégias para relacionamentos mais duradouros com seus clientes e futuros clientes.

Abundância de informação X atenção à economia

Com o crescimento da internet, o mundo passou de uma escassez de informações diretamente para um estado de completa abundância e bombardeio de informações por todos os lados.

De acordo com o presidente da Google, Eric Schmidt, nada mais nada menos do que 5 exabytes de informação foram criados entre o alvorecer da civilização e o ano de 2003. E ele ainda frisa que essa quantidade de informação é criada em um piscar de olhos.

O problema dessa abundância de informação é que ela gera escassez de atenção por parte das pessoas, que não sabem para que lado focar. Não foi à toa que o cientista social Herbert Simon foi o primeiro homem a discutir este conceito quando escreveu:

Um mundo rico em informação, significa um mundo carente de uma outra coisa: a escassez de tudo aquilo que a informação consome.

Mas o que a informação consome? A resposta é óbvia: ela consome a atenção de seus leitores.

E isso transformou completamente o processo de compra.

Hoje os consumidores estão sobrecarregados de tanta informação e tentam ao máximo ignorar aquilo que eles simplesmente não desejam ouvir.

Hoje o consumidor pesquisa e aprende por conta própria e isso mudou radicalmente a maneira com que as empresas devem se relacionar com seu público.

**Por que você precisa gerar leads?**

Sempre que alguma pessoa de fora do universo do marketing pergunta como é possível gerar leads (mais clientes), ninguém pode simplesmente responder que é através da criação de conteúdo relevante para sites e blogs, pois existe uma estratégia extremamente abrangente por trás disso.

Sem contar que as pessoas mais desentendidas ficariam perdidas com uma resposta tão simples e vaga.

Em vez disso, a melhor maneira de responder a essa pergunta seria apenas dar ênfase às inúmeras maneiras originais que bons profissionais utilizam para atrair as pessoas para o seu negócio.

Trata-se de um processo onde essas boas empresas entregam aos possíveis clientes aquilo que eles realmente querem e precisam, despertando assim o interesse de cada um, na intenção de que eles façam parte do dia a dia delas.

De maneira bem simples, este é exatamente o processo de geração de leads.

Investir em uma estratégia que possa aquecer e despertar o interesse dos seus clientes potenciais, guiando-os durante todo o processo até que eles comprem da sua empresa.

A partir do momento que essas pessoas mostram um interesse genuíno em seu negócio, elas estão começando a criar uma relação com sua empresa, tornando mais fácil e natural o processo de obtenção de informações e, consequentemente, fechamento de compra.

Uma vez que sua empresa adentra nessa metodologia chamada de Inbound Marketing, a geração de leads atinge uma segunda fase.

Ela ocorre depois que você atraiu o público e sua empresa já está pronta para converter esses visitantes em leads para a sua equipe de vendas.

Assim como você pode ver no diagrama abaixo, a geração de leads é um ponto fundamental na jornada que cada usuário precisa percorrer para se tornar um cliente satisfeito.

## Como identificar os leads qualificados?

Assim como você já sabe, o lead é uma pessoa que demonstrou interesse em produtos ou serviços da sua empresa. Então chegou o momento de você entender de quais maneiras esse lead pode ter chegado até você.

Em essência, o lead é gerado através da coleta de informações. Pode ser de um candidato a emprego mostrando interesse em uma vaga através do preenchimento de uma aplicação, um cliente compartilhando informações de contato em troca de um cupom ou até mesmo um usuário que preencheu um formulário antes de baixar um e-book, por exemplo.

Essas são só algumas das inúmeras possibilidades em que empresas poderiam qualificar leads.

Cada um destes exemplos também evidencia a quantidade de informação que sua empresa poderá coletar para qualificar um lead e medir o nível de interesse que elas possuem em sua empresa, pois isso pode variar.

Que tal avaliarmos alguns possíveis cenários? Então vamos lá.

Candidatura para vaga de trabalho

Qualquer pessoa que preencha um formulário de candidatura está disposta a compartilhar algumas (várias) informações pessoais, pois ele/ela realmente deseja ser notado pelos recrutadores.

Preencher esse formulário mostra o verdadeiro interesse no trabalho, portanto é uma maneira de qualificar o lead para a equipe de recrutamento da empresa.

Aquisição de Cupons

Ao contrário da aplicação para a vaga de emprego, fazer o controle de usuários que adquirem cupons da sua empresa é uma tarefa difícil.

Mas se esses usuários encontram cupons valiosos o suficiente, eles com certeza ficarão dispostos a fornecer nome e endereço de e-mail em troca desses cupons.

Embora não sejam muitas informações, já é o suficiente para você saber que esses usuários possuem algum tipo de interesse em sua empresa.

Conteúdo

Embora o download de um cupom evidencie o interesse único que um usuário tem em seus produtos ou serviços, um conteúdo mais rico (como um e-book ou webinar) não evidencia a necessidade da mesma forma.

Portanto, se sua empresa realmente deseja compreender a natureza do interesse de um determinado usuário é preciso que ela colete mais e mais informações que sejam suficientes para que um representante de vendas possa entrar em ação e ver se esse possível cliente está realmente interessado em seus produtos e se eles realmente servem para ele.

Estes três exemplos básicos citados acima mostraram como a geração de leads é diferente de empresa para empresa, de nicho para nicho.

No entanto, o processo é o mesmo: sua empresa sempre precisará coletar informações suficientes, a fim de avaliar se algumas dessas pessoas realmente possuem um verdadeiro interesse e necessidade de comprar seu produto ou serviço.

Para saber a quantidade de informação exata que será preciso para desenvolver uma estratégia você precisa avaliar seu negócio e seus objetivos.

## Quais informações são relevantes?

**Nome:** é importante saber o primeiro nome de seus leads, para manter um contato de forma íntima e pessoal.

**E-mail Corporativo** – Coletar o endereço de e-mail de nossos usuários nos permite criar estratégias baseadas em campanhas de e-mail marketing.

**Cargo** – Assim podemos compreender qual é o papel do lead em sua organização e qual será a forma de abordagem para iniciarmos uma conversa com ele.

**Número do telefone** – Geralmente é utilizado na hora que a equipe de vendas entra em ação, a fim de alcançar a liderança e iniciar uma conversa com o lead.

**Site** – nos permite entender melhor o negócio ou empresa do lead.

**Número de funcionários** – nos ajuda e ter mais informações sobre o tamanho da empresa do lead.

Além desses, vários outros campos podem ser inseridos nas páginas. Tudo dependerá do seu tipo de negócio e quais são as informações mais relevantes para você na hora de conhecer ainda mais o seu lead. Agora vamos voltar ao básico.

## Como é a mecânica da geração de leads?

Agora que você já entendeu como a geração de leads se encaixa em toda a metodologia de Inbound Marketing, é hora de rever quais são os componentes reais do processo de geração desses leads.

### Landing Pages

A landing page é uma página da web (conhecida como página de destino) onde o usuário chega para uma finalidade distinta. Uma landing page pode ser usada para várias finalidades, mas uma das mais frequentes é para capturar informações dos usuários através de formulários.

### Formulários

Os formulários geralmente estão nessas landing pages e consistem em uma série de campos (como no exemplo da imagem acima) que são responsáveis pela coleta de informações antes que o usuário clique no botão para receber uma oferta.

### Oferta

A oferta é o conteúdo ou algum material de valor que sua empresa oferece na landing page. Lembrando que essa oferta deve ter o valor e a relevância suficientes para que o usuário se sinta à vontade e disposto a trocar suas informações pessoais, a fim de acessar essa oferta através do CTA (download).

### Call-to-Action

O **CTA** é uma pequena imagem, botão ou mensagem que convida seus usuários a tomar algum tipo de decisão. Quando se trata da geração de leads, esta ação convida o usuário a clicar no botão a fim de que ele possa obter a oferta (download do e-book, documento e etc.)

Ao colocar todos esses elementos juntos, sua empresa poderá começar a explorar novos canais e meios de comunicação para de direcionar mais tráfego ao site ou blog da companhia, e começar a gerar seus próprios leads.

### Principais canais para gerar leads

1. Website

Um site bem construído e nutrido com conteúdo relevante permite que você capte leads por meio de assinaturas de newsletters, preenchimento de outros formulários ou testes de ferramentas/soluções.

O grande objetivo é converter visitantes em compradores. Para isso, certifique-se de que o layout, CTAs, formulários e conteúdos sejam de alta qualidade.

2. Blog

O seu blog é um ótimo canal para criar um laço de confiança entre sua empresa e seus potenciais clientes.

Qualquer pessoa pode encontrar seu blog em pesquisas na web, portanto faça com que ele seja otimizado para os mecanismos de busca.

Lembre-se de encorajar os leitores a seguir suas redes sociais, retornar ao blog para consumir mais conteúdos e tomar uma ação através dos CTAs em seus posts.

3. SEO e marketing de conteúdo

O seu conteúdo é a base dos seus esforços de comunicação. Esse método de marketing possibilita desenvolver e distribuir conteúdo educativo e relevante para envolver os consumidores.

A maioria dos motores de busca considera um conteúdo de alta qualidade equivalente a um site de alta qualidade. Por isso, pense no seu conteúdo como o combustível de todas as suas campanhas de marketing.

4. Mídias sociais

O marketing de mídias sociais é um dos mais utilizados ultimamente e se tornou uma técnica indispensável para a maioria dos negócios.

Os compradores se tornaram capazes de pesquisar por produtos, aprender sobre eles e até efetuar compras por meio de redes sociais.

5. Anúncios de Pay-Per-Click

Também conhecidos como PPC, nestes modelos as empresas pagam por cliques em seus anúncios expostos em motores de pesquisa, como Google, Yahoo e Bing, por exemplo.

São uma ótima maneira de mostrar seu produto no topo de páginas em buscas orgânicas. Os PPC são anúncios altamente segmentados e podem gerar leads qualificados.

6. E-mail marketing

O e-mail é uma excelente forma de comunicação e uma importante chave em uma estratégia de marketing. É uma das mais utilizadas táticas de geração de leads e uma das melhores e mais fáceis maneiras de comunicação.

## Táticas para a geração de leads

Convites para eventos

Divulgar eventos é uma das maneiras mais efetivas de gerar leads qualificados. Você pode convidar sua audiência para participar de seminários online, aulas e palestras organizadas por você.

Deixe claro que somente quem se inscrever para o evento receberá o link para acompanhar o conteúdo, que poderá ser ao vivo ou gravado.

Website

É no seu site onde os consumidores podem ler sobre os produtos oferecidos pela sua empresa e decidir se desejam comprá-los. Distribua no seu site CTAs em diferentes formatos e até com diferentes segmentações.

Por exemplo, um CTA pode convidar o visitante a assinar a newsletter e outro para baixar um material rico.

Search Engine Optimization (SEO)

Ter um sólido e otimizado SEO e marketing de conteúdo é crucial para qualquer empresa. Essa é uma tática que ajuda a melhor posicionar seu site em mecanismos de pesquisa.

Crie seus posts com base nas palavras-chave mais pesquisadas pelo seu público. Isso aumentará muito as chances de eles deixarem seu e-mail, pois você entregará o conteúdo que eles procuram.

Mídias sociais

As redes sociais são uma excelente maneira de você se aproximar dos consumidores de uma forma mais pessoal e direta.

Ao responder perguntas da sua audiência, por exemplo, você pode sugerir que eles acessem suas landing pages e baixem materiais mais aprofundados.

Outra tática é compartilhar diretamente na sua timeline os links das suas landing pages e dos seus blogs posts que mais convertem visitantes em leads.

Uma terceira opção é divulgar essas páginas de captura na sua Bio do Instagram, perfil do Twitter, abas do Facebook, e assim por diante.

E-mail

O e-mail marketing é uma estratégia sólida de geração de leads, pois permite à empresa informar os consumidores sobre eventos, novos produtos e serviços. Dessa forma você pode, digamos, usar uma determinada lista de e-mails para divulgar o conteúdo de uma segunda lista mais segmentada.

## Como gerar leads: passo a passo

Você já sabe o que é um lead e já sabe por onde esses potenciais clientes podem ser captados. Agora chegou a hora de entender a metodologia de geração de leads para iniciar uma campanha.

**Passo 1**: Crie sua oferta

Você deve começar criando algum tipo de conteúdo — que seja relevante e que ajude seu público-alvo de alguma maneira — como um e-book, infográfico, série de vídeos e outros.

**Passo 2**: Construa sua landing page e formulário

Com a oferta criada, você agora deve estruturar sua landing page, onde convidará os visitantes a trocarem suas informações pessoais pelo seu conteúdo.

Insira na landing page um formulário com os campos que julgar mais apropriados para essa troca e um botão onde incentiva o visitante a tomar uma ação.

**Passo 3**: Construa sua página de obrigado

Depois que o visitante deixar seus dados para acessar sua oferta, ele precisa ser direcionado para o local onde terá acesso ao conteúdo.

Esse destino pode ser uma outra página, onde você pode agradecer pelo interesse e disponibilizar um link para download ou acesso do material.

Ou pode ser ainda um e-mail, enviado logo após o cadastro do visitante na sua lista, onde você dá as instruções de como acessar a oferta.

**Passo 4**: Promova sua oferta em diversos canais

Com a oferta criada e pronta para ser baixada pelos visitantes, é hora de promover o seu material. A divulgação pode ser feita disponibilizando diretamente o link da landing page que você criou em diferentes canais.

**Blog**: escreva posts com ideias relacionadas ao material que você criou. Crie posts com conteúdo que interesse ao seu público, insira um CTA ao final de cada post indicando que mais informações podem ser encontradas num material extra e direcione este CTA para sua landing page.

**Mídias sociais**: você pode divulgar seu material em publicações nas suas redes sociais ao compartilhar pequenos pedaços de informação contida nele. Por exemplo, se você preparou um conteúdo com 7 dicas sobre um assunto, compartilhe uma dica por dia em suas mídias e convide o público para acessar o material completo.

**Anúncios de PPC:** você pode criar diferentes anúncios para diferentes públicos e assim testar sua campanha de diversas maneiras. Essas ações ajudam você a gerar mais leads e a entender quais estratégias funcionam melhor para seu público.

## Métricas da geração de leads

Muitas das melhores campanhas de marketing definem estratégias de mensuração que são planejadas com muita antecedência. Para definir as métricas mais adequadas para o seu negócio, você precisa se perguntar como, quando e o que medir para uma geração de leads eficiente. Veja abaixo algumas das métricas mais comumente utilizadas pelas empresas:

Custo por lead: custo da campanha dividido pela quantidade total de leads;

Percentual da contribuição do marketing para o funil de vendas: % de receita gerada a partir dos esforços de marketing;

Percentual da contribuição do marketing para a receita: % de negócios fechados pelos esforços de marketing;

Quantidade de Sales Qualified Leads (pré-venda qualificada): a quantidade de SQL enviada aos times de venda;

Qualidade de SQL: % de leads que não foram rejeitados pelos times venda;

Percentual de conversão vindo de cada canal (website, anúncios).

Essas atividades incluem formulários na web no site corporativo e nas principais páginas de destino, programas de pagamento por clique (PPC), estratégias de pesquisa orgânicas e campanhas de e-mail que utilizam as palavras-chave que levam a páginas de destino específicas.

A partir das páginas de destino, ofereça materiais educacionais, como blogs, e-books, whitepapers e webinars, ou demonstrações, folhas de produtos, cotações de preços e calculadoras de ROI para aqueles que estão mais abaixo da curva de aprendizado.

# VENDA CONSULTIVA

## O que é?

A venda consultiva é o processo onde o profissional busca se posicionar mais como um consultor de seu lead do que um vendedor clássico.

O objetivo dessa mudança de postura visa atender às necessidades atuais dos prospects e leads, gerando ainda mais valor durante o processo de decisão de compra, através de informações estratégicas e questionamentos pertinentes.

## Por que um consultor?

O trabalho de um consultor é, em geral, o de diagnosticar problemas e oportunidades de melhoria, desenvolver correções e acompanhar os resultados. Em geral, ele é o responsável por desenvolver apenas a solução e treinar o time para implementá-la, colocando em prática o que foi proposto, mas nunca é o responsável por assumir a responsabilidade total pelo sucesso ou fracasso, visto que também não será o líder no dia a dia da equipe.

Muito se assemelha a função do novo vendedor, que ajuda seu lead/prospect a encontrar seus problemas, enxergar soluções válidas, compará-las e tomar a melhor decisão. Nesse caso, você pode sim usar de técnicas de vendas, mas deve ter certeza que pode ajudar o cliente, ou seja, que o retorno sobre o investimento (ROI) será positivo. Do contrário, você não será um consultor.

Por quê?

Todo consultor deve entender o impacto das ações propostas no negócio de seu cliente. Se você está vendendo para uma persona que está na área de Recursos Humanos, deve analisar como pode impactar seus principais KPIs (Indicadores de Processos Chave da área, ou seja, os indicadores sobre os processos e resultados mais importantes). Logo, se o objetivo do lead é diminuir o turnover ou reduzir os custos da folha salarial, você, como seu consultor em vendas, deve ser capaz de visualizar o impacto da sua solução nesses indicadores e, posteriormente, no negócio do lead.

Em venda consultiva, se você diminuir o turnover, por exemplo, qual resultado positivo no negócio final? Se a empresa, por exemplo, está no setor de TI, você pode alegar que o débito técnico da equipe de desenvolvimento deve diminuir, a agilidade para lançar novas features ou produtos aumentará, seu cliente não perderá muitos talentos para o mercado ou concorrentes diretos, entre outros.

A melhor analogia para essa situação é a de um médico. Você não questiona se seu médico diz que possui um problema claro, que o incomoda, certo? Em alguns casos, você pode ainda não sentir as consequências do seu problema de saúde, então é o trabalho do seu médico de informá-la sobre os primeiros sintomas, demonstrar o quanto isso pode impactar o seu futuro e gerar medo e incerteza, forçando-o a agir.

O mesmo faz um consultor de vendas! Ao iniciar o processo de venda consultiva, ele realiza um diagnóstico claro do processo atual da empresa, receita as mudanças necessárias e alinhadas aos objetivos do lead e sua companhia, acompanha a evolução e garante o retorno sobre o resultado.

## Como funciona a consultoria?

Aqui no Outbound Marketing, por exemplo, nosso processo segue o caminho abaixo:

Pesquisa e Alinhamento

Nosso time procura saber o máximo dos processos de prospecção e vendas da empresa do lead. Após entendermos o funcionamento do mesmo, indo desde as personas utilizadas e passando por todo o roteiro de vendas, iniciamos um alinhamento claro de objetivos. Queremos entender aonde a empresa quer chegar no curto, médio e longo prazo, analisando as metas propostas.

Esse ponto do processo é importante, pois uma empresa em construção de processo pode estar no caminho certo e não tem pressa para evoluir demais. Nesse caso, nosso serviço não gera o ROI necessário, já que o investimento não condiz com a expectativa.

O objetivo do nosso time é ajudar clientes com metas ambiciosas e pressa em fazer acontecer, nós ajudamos a diminuir o tempo de retorno sobre o investimento e potencializamos os resultados no curto e médio prazo, principalmente.

Diagnóstico

O diagnóstico é a etapa de validação de premissas, onde nossa equipe participa do dia a dia do cliente, entendendo a fundo seu processo, acompanhando a rotina do time e os desafios encontrados.

É nele que validamos as premissas levantadas na etapa anterior e, ao final, demonstramos ao cliente como ele pode melhorar seus números e o que é necessário para fazê-lo. Em suma, demonstramos as dores do cliente e apresentamos a solução, receitando os "medicamentos" necessários.

Para os curiosos, nos baseamos, sempre, nas aplicações de Sales Enablement.

Implementação

Quando o cliente entende a necessidade latente e o quanto está perdendo por não escalar rapidamente ou, até mesmo, o tamanho dos obstáculos que se apresentam, ele decide por contratar a implementação utilizando a expertise do Outbound Marketing.

Se ele não vê valor suficiente (ou nosso próprio time entende que não é o momento), ele aproveita o diagnóstico para guiar sua equipe interna.

Ao iniciar a implementação, você está lendo a receita de um médico e tomando as pílulas na hora certa, iniciando e parando quando necessário. Nosso trabalho, é garantir que a "recuperação" do processo será total e que os resultados vão alcançar seu potencial máximo, acompanhando o "paciente" diariamente e corrigindo o que for necessário, de acordo com efeitos colaterais.

Acompanhamento

Após a implementação, o médico deve garantir que o paciente não volta a sentir nenhum tipo de problema decorrente do próprio tratamento. Essa etapa, no nosso processo, é a responsável por garantir que os novos processos se tornaram hábitos e garantir o resultado. Afinal, qual médico não pede que você volte em alguns dias

para garantir que está ok?

## A venda consultiva e o poder do especialista

Assim como um médico, que se especializa em determinadas áreas, o vendedor deve ser um especialista. Não apenas em técnicas de vendas (a não ser que ele venda novas técnicas ou correções/melhorias), mas também na área de seu produto ou serviço.

Se você quer discutir os problemas do seu prospect e realizar diagnóstico assertivos, precisa direcionar seus conhecimentos para a área de atuação dele, até ser capaz de se estabelecer como referência no processo de compra.

Credibilidade é um fator crucial durante uma negociação e você só constrói a sua demonstrando conhecimento útil.

Os compradores de hoje, independente da complexidade do produto ou do preço, são altamente inclinados a se auto educar antes do engajamento de vendas.

Se a sua empresa não está apoiando este ciclo de captura / criação de leads baseado na web, provavelmente está perdendo valiosas oportunidades de vendas.

O novo ciclo de geração de leads é claro - capturar interesse, educar e nutrir um sinal de compra, então entregar isso para vendas.

De acordo com estudos, os compradores se identificam com uma liderança de entrada, um vendedor, um representante que dá orientação sobre a melhor solução para o seu problema de forma honesta e direta.

### A Chamada venda consultiva.

Como resultado, o vendedor deve estar pronto para responder a perguntas mais detalhadas sobre os produtos e serviços e outras questões ainda mais estratégicas.

Por isso, as expectativas de um gestor comercial que imaginava que seria mais importante ganhar escala e contratar grandes equipes sem precisar de muita preparação, treinamento ou criatividade.

Na verdade, é exatamente o contrário.

# INSIDE SALES

Se a sua empresa precisa fechar contratos e possui uma equipe de vendas é muito provável que você já tenha ouvido alguma dessas reclamações por parte dos seus representantes comerciais:

"Meu cliente teve um compromisso de última hora e eu perdi a tarde de trabalho indo e voltando para uma reunião que não aconteceu".

"Fiquei preso no trânsito e quando cheguei o cliente não podia me atender".

"Preciso de mais recursos para minhas visitas, o valor que eu recebo hoje não é suficiente para os meus deslocamentos".

"O cliente não tinha a menor ideia do que eu ia apresentar, acho que na verdade ele nem sabia o que estava buscando".

"Derramei café na camisa e não posso ir visitar o cliente sujo desse jeito".

A lista é enorme e tenho certeza que se você fizer um exercício nas próximas duas semanas será capaz de completar mais de uma página com todas as desculpas relacionadas à logística, custos e falta de entendimento, por parte do cliente, do problema que a sua empresa pode solucionar.

Todos esses contratempos são a base para argumentos negativos por parte dos vendedores que aumentam o desperdício de tempo. Em outras palavras, isso pode significar perder vendas e, consequentemente, receita para manter seu negócio funcionando.

O Inside Sales – termo que em resumo significa vender de dentro da sua empresa – vem ganhando força também aqui no Brasil, aproveitando as facilidades tecnológicas, como a internet e o telefone, para reduzir custos com deslocamento e aumentar a produtividade.

Não estamos falando de Telemarketing!

O termo Inside Sales surgiu exatamente com o objetivo inicial de diferenciar o novo modelo de vendas complexas feitas de maneira remota do tradicional telemarketing usado de forma exagerada por empresas americanas desde o início dos anos 50 e que se popularizou no Brasil nos anos 90.

Aqui vale uma explicação extra, já que essa diferença é crucial para que você entenda melhor o conceito que estamos discutindo. O telemarketing tradicional está focado em uma única ligação com um script previamente definido e na qual o vendedor, muitas vezes pouco preparado, irá insistir para que você compre o produto quase que de maneira mecânica.

Já o modelo de Inside Sales funciona melhor para a venda de produtos de maior complexidade e que requerem certo nível de conhecimento do vendedor para que, por meio de uma série de reuniões virtuais, o negócio seja fechado.

### Como tirar proveito do Inside Sales?

"Eu gosto de sair para vender e o modelo tradicional tem funcionado!"

Se esta é uma afirmação que está passando pela sua cabeça neste momento é importante garantir que você também é capaz de responder as seguintes questões:

– O custo que a sua empresa tem para fechar um negócio poderia ser menor se os seus funcionários passassem mais tempo em contato remoto com o seu potencial cliente, em vez de deslocarem-se até ele?

– A compra do seu produto exige um nível de tomada de decisão complexo e que poderia ser agilizado com conteúdo educativos e resposta de dúvidas de maneira remota?

– Os custos de ter um funcionário na rua sem vender faz diferença no seu orçamento?

E aí, conseguiu responder? Se a resposta para algumas das perguntas anteriores foi sim, isso significa que você pode tirar muito proveito do modelo de Inside Sales, principalmente no que diz respeito à diminuição de custos através do aumento da produtividade da sua força de vendas.

Isso acontece porque com a implementação de uma estratégia de produção de conteúdo de qualidade e um modelo de abordagem remota você pode ganhar com oportunidades de negócios mais qualificadas e evitar se deslocar para falar com clientes que ainda não estão em momentos de compra ou que tinham apenas uma dúvida pontual.

## Os modelos de venda são excludentes?

Não! Estamos conversando sobre uma nova possibilidade que pode ser trabalhada de maneira conjunta com o modelo tradicional de vendas. Mais do que excludentes, os dois modelos se complementam em vários aspectos e devem ser aplicados de acordo com o objeto de venda e com o processo de marketing que a empresa está acostumada a fazer.

Essa nova possibilidade se aplica à venda de produtos ou serviços mais complexos em que são necessários alguns encontros, a realização de demonstrações, a construção de planos de execução e um tempo de maturação para a compra. Essas características são mais comuns no setor B2B, mas podem ser encontradas em produtos B2C mais complexos como o turismo ou a educação.

Sobre o marketing é importante entender que para que o modelo de Inside Sales aconteça de maneira eficiente é importante pensar em uma estratégia de posicionamento baseada na produção de conteúdo de qualidade. Uma das formas de fazer isso é disponibilizar materiais gratuitos através de páginas de conversão – *Landing Pages* – para capturar contatos qualificados e facilitar a abordagem do vendedor.

É importante entender que a mudança no modelo deve acontecer de maneira gradual para permitir que as equipes se adaptem aos novos processos e porque a implementação exige testes que devem ser feitos para verificar qual é a resposta dos seus potenciais clientes.

Além disso, é fundamental contar com ferramentas que facilitem o modelo de promoção, vendas e gestão dos contatos já que eles tendem a começar a acontecer com maior intensidade e em maior número.

## Esse modelo funciona no Brasil?

Muitas empresas já estão tirando proveito do marketing de conteúdo e do modelo de Inside Sales para vender mais e com um custo menor em todo o país. Cada vez é mais frequente ver empresas migrando seus modelos de vendas e investindo pesado na produção de conteúdo de qualidade para garantir um melhor posicionamento online e, consequentemente, a geração de melhores contatos.

O fato é que as novas tecnologias permitem que empresas ampliem o seu território de atuação. Com ferramentas de web conferência é possível que uma empresa de Porto Alegre atenda um cliente em Manaus sem precisar gastar nenhum centavo em passagens aéreas e hospedagens e isso tem chamado a atenção de quem quer melhorar a rentabilidade.

A verdade é que ainda existe uma resistência muito grande de várias empresas principalmente no que se refere à aquisição de clientes de grande porte. No entanto, existem alguns cases de empresas que conseguiram conquistar grandes contas utilizando apenas o modelo de *Inbound Sales*.

## MÉTRICAS DE DESEMPENHO

As vendas de alta performance são comparáveis a um "esporte de resistência", exigindo que uma empresa tenha controle sobre cada etapa do processo.

*"Ao contrário dos modelos empresariais tradicionais com ciclos mensais ou trimestrais, o modelo de alta velocidade se move em semanas e meses".*

Por meio dos KPIs – os Indicadores-Chave de Desempenho - você consegue monitorar processos. E descobre o que está e o que não está funcionando na sua gestão

Eis mais uma sigla fundamental para seu dia a dia, gestor. Depois de 5W2H, de PDCA, de ERP, de IPO e de tantas outras, está você também precisa conhecer.

E conhecer bem, porque o KPI se trata de uma celebrada ferramenta de gestão para medir o desempenho e o sucesso da sua empresa, ou de um determinado sucesso.

Por meio dessa ferramenta, você consegue entender o que está funcionando e o que não está, e fazer as modificações necessárias para atingir os objetivos estabelecidos.

### Mas o que é exatamente KPI?

KPI é a sigla em inglês para Key Performance Indicator, ou os famosos Indicadores-Chave de Desempenho.

Também conhecidos como ksi, key success indicator, kpis são nada mais, nada menos do que as métricas que você eleger como essenciais para avaliar um processo de sua gestão.

São os indicadores que você, como gestor, vai definir para acompanhar a evolução das operações, evitando se perder em meio a uma quantidade absurda de relatórios e dados que não levam a lugar algum. É por meio dela que você manterá o foco para ir atrás das metas.

E trata-se também de uma técnica de gestão que facilita a transmissão da visão e da missão de uma empresa aos funcionários que não estão em cargos elevados. Afinal, ao estabelecer e compartilhar os que vão medir o sucesso de um processo, você deixa claro para toda a equipe o que realmente importa na administração.

Por exemplo: presuma que o seu negócio seja um cursinho para vestibular. Então, um KPI poderia ser a porcentagem de alunos aprovados em universidades de renome, certo? Ou, se você tem um e-commerce de cosméticos: poderia ser o número de acessos ao site que de fato se convertem em vendas, correto?

### E como posso aplicar os KPIs na prática?

De acordo com este artigo sobre indicadores de desempenho, existem algumas categorias diferentes de KPIs. Entre elas, podemos citar as mais importantes:

Os indicadores de produtividade:

Que podem estar relacionados à produtividade hora/colaborador, hora/máquina. Ou seja, estes correspondem ao uso dos recursos da empresa a partir da avaliação das entregas.

Os indicadores de qualidade:

Caminham lado a lado com os indicadores de produtividade, uma vez que ajudam a compreender qualquer desvio ou não-conformidade ocorrida durante um processo produtivo. Um exemplo pode ser considerado o nível de avarias de um produto, no qual a quantidade de danos ocorridos durante um período é comparada ao nível de aceitação estabelecido.

Os indicadores de capacidade:

Estes Key Performance Indicators medem a capacidade de resposta de um processo. Podemos citar como exemplos a quantidade de produtos que uma máquina consegue embalar durante um determinado período.

### O que são Indicadores estratégicos?

São aqueles que auxiliam na orientação de como a empresa se encontra com relação aos objetivos que foram estabelecidos anteriormente. Eles indicam e fornecem um comparativo de como está o cenário atual da empresa com relação ao que deveria ser.

Todas estas categorias são igualmente relevantes. O que é preciso ter em mente é que um KPI fornece a visão necessária para que você conheça os processos, e para que consiga alinhá-los aos objetivos estabelecidos.

Mas isso ainda lhe parece um tanto abstrato?

Sem problemas. Vamos falar então daqueles que podem ser utilizados para você acompanhar de perto o desempenho da sua empresa.

Os indicadores de lucratividade, por exemplo. É comum que empreendedores se atentem somente para o faturamento da empresa, sem se preocupar em calcular o percentual de lucro sobre ele. É por isso que tampouco são raros os gestores que veem o faturamento aumentar, mas o dinheiro não sobra – provavelmente porque faltou, aí, uma boa contabilidade de custos.

Uma boa forma de avaliar a lucratividade da sua empresa é compará-la à lucratividade média que seu ramo de mercado apresenta.

Outro KPI pode ser o valor do ticket médio da sua empresa. Trata-se de um indicador que permite entender como funciona a dinâmica de vendas, e que pode ser monitorado de três formas: por meio da venda, do cliente e do vendedor. Com esses três parâmetros, é possível identificar a performance do setor de forma mais ampla, além de constatar que tipo de ação podem melhorar os processos e os pontos que precisam ser corrigidos.

Por exemplo: caso seja possível medir o ticket médio por clientes, você conseguirá saber quais deles compram mais e melhor. Assim, poderá aperfeiçoar o atendimento a esses clientes, oferecendo vantagens e benefícios especiais.

Por outro lado, se você acompanha o ticket médio por vendedor, consegue identificar, por exemplo, quais profissionais se saem melhor. A partir daí, vale investigar os motivos deste sucesso para capacitar aqueles que ainda não o alcançam.

A fórmula de cálculo do ticket médio é a seguinte: faturamento em x meses / x / nº de clientes. Assim, você conhecerá o ticket médio mensal da sua empresa.

Outro KPI determinante para sua gestão pode ser a taxa de sucesso em vendas. Por meio dele, você descobre qual é o índice de vitórias em cada negociação realizada pela empresa. Este pode ser medido estabelecendo a relação entre a quantidade de vendas que foram efetivamente fechadas e a quantidade total de oportunidades que foram abertas em um determinado período.

Além disso, se as taxas de sucesso forem medidas em cada etapa do processo de negociação, é possível identificar qual é o maior gargalo do seu funil de vendas. Por exemplo: se os clientes desistem logo no início, o problema pode estar relacionado à abordagem dos vendedores. Se desistem em um momento mais avançado, pode ser consequência da oferta de facilidade de pagamento; ou, mais adiante, da capacidade de entrega, e por aí vai.

Um último KPI que pode ser relevante para sua gestão é o índice de turnover. Avaliar o grau de rotatividade dos seus funcionários ajuda a entender os mecanismos internos da empresa; grandes taxas de turnover podem sinalizar problemas de liderança, de clima organizacional e de valorização dos colaboradores. E quando a empresa enfrenta questões desta natureza, o atendimento ao cliente certamente será afetado.

Você pode calculá-lo com base no tempo médio de permanência de cada funcionário na empresa. A fórmula clássica é: (nº de demissões + nº de admissões) /2, dividido pelo total de funcionários.

Monitorar essa taxa de rotatividade acaba se tornando importante para que você consiga montar equipes mais consistentes e alinhadas, melhorando assim os resultados da empresa.

# ESCALABILIDADE

Quanto mais escalável for o seu negócio, mais investimentos ele poderá atrair. E é por isso que a escalabilidade deve estar sempre entre as suas prioridades

Já falamos, neste artigo, sobre os princípios da economia de escala. Vimos como o conceito tem sua origem na produção em escala, isto é, no aumento da atividade sem que isso resulte em um aumento dos custos – a chamada "produção em massa". Inclusive, a leitura desse texto é um importante complemento para o assunto de que trataremos aqui, a escalabilidade.

Neste caso, procuraremos entender como a escalabilidade pode ser um medidor do potencial de crescimento do seu negócio. Uma definição precisa do termo é a seguinte:

*A ESCALABILIDADE É A CAPACIDADE QUE UMA EMPRESA, OU SISTEMA, POSSUI DE CRESCER*

*ATENDENDO ÀS DEMANDAS SEM PERDER AS QUALIDADES QUE LHE AGREGAM VALOR.*

Perceba que, para que ocorra a escalabilidade, é necessária que o faturamento cresça em uma proporção maior que a dos custos.

E já assumindo que seu modelo é escalável – ou, como vimos, tem capacidade de aumentar o faturamento sem precisar elevar proporcionalmente os custos –, aqui veremos como a escalabilidade servirá para você entender como e onde ele poderia falhar. Além disso, é para este indicador que um eventual investidor anjo, por exemplo, poderá olhar primeiro.

Mas, antes, vale uma recapitulação geral:

### O que significa um negócio "ser escalável"?

Significa que ele pode funcionar com sucesso enquanto se desenvolve. Um negócio escalável é aquele que apresenta potencial de expansão – de preferência, sem limites. Ou seja, entender se o seu negócio é escalável é um indicativo essencial para avaliar quão longe ele pode ir.

Geralmente, para ser escalável, o modelo da sua empresa deve apresentar três características:

## 1 - É ensinável

O fato de você conseguir ensinar seu processo de produção a qualquer outro funcionário é sinal de escalabilidade. Assim, sua empresa se torna maleável, e pode se expandir de acordo com o planejamento realizado.

## 2 - É valioso

É aquela operação que você já conhece: o valor é gerado pela oportunidade aliada ao conhecimento único. É por meio da especialização em uma atividade específica que você se distinguirá dos concorrentes, que agregará mais valor ao produto ou ao serviço que oferece ao mercado.

## 3 - É replicável

Outra prova de escalabilidade é o fato do seu processo ser reproduzido e gerar receita recorrente. Isso indica que seu modelo de produção funciona, e, mais importante, que há mercado para expansão.

Dentistas, taxistas e vendedores não são profissões escaláveis; enquanto que corretor de ações, escritores e músicos são atividades consideradas escaláveis.

Por quê? Ora, porque as profissões não escaláveis seguem a mesma regra: para que o profissional ganhe mais, tem que trabalhar mais – ganha por serviço, por cliente atendido, e este ganho é limitado.

Já corretores, escritores e músicos podem escalar seus ganhos. Podemos ver o caso da autora *J. K. Rowling*: ela não precisa escrever um novo livro cada vez que um fã quiser se entreter com as peripécias de Harry Potter. Os livros já estão escritos, e só precisam ser reproduzidos. Este processo, teoricamente, não tem limites.

### Para que buscar a escalabilidade?

Antes de tudo, para identificar o verdadeiro potencial de crescimento do seu negócio. É por meio da escalabilidade que você poderá descobrir se a sua empresa será capaz de gerar o faturamento necessário para devolver o investimento feito no início da operação.

A escalabilidade também é um dos critérios mais analisados pelos investidores. Além dos "anjos", os fundos de investimento e outros operadores do mercado olham com todo o cuidado para o quanto as startups em suas miras são escaláveis. Assim, conseguem reduzir os níveis de incerteza, e avaliam mais precisamente o retorno a ser obtido no negócio nos próximos anos.

É importante ressaltar, porém, que uma empresa que não tenha um modelo de negócios escalável também pode ser altamente lucrativa. São comuns os casos de organizações que desenvolvem atividades únicas, respondendo a necessidades específicas dos consumidores, mas cujas operações não são ensináveis ou replicáveis.

No entanto, no panorama do empreendedorismo atual, a escalabilidade tem sido cada vez mais valorizada. É essencial que as *startups* sejam capazes de desenvolver modelos de negócios facilmente replicáveis, e que possam ser difundidos por meio de ações de marketing e vendas.

### Como tornar meu negócio escalável?

O sistema de franquias é um exemplo de como de dar escalabilidade ao seu negócio. Abrindo franquias, você poderá expandir o atendimento a clientes – e em consequência, suas vendas – sem ter que aumentar significativamente a infraestrutura, já que esta fica sob responsabilidade dos franqueados.

Existe também outro modelo de replicar sua ideia de negócio: é o licenciamento do know-how, que permite aumentar o seu faturamento – por meio dos direitos pelo uso que você receberá – sem que os custos cresçam.

Enfim, estes são apenas alguns aspectos que indicam a relevância da escalabilidade para a sua empresa. Se você tem um sonho grande, não perca estas questões de vista: elas serão indispensáveis para realizá-lo.

101

# O FUTURO DAS VENDAS DISRUPTIVAS

O comprador moderno da tecnologia B2B está cansado de marketing disruptivo e pessoas de vendas que eles percebem que não podem confiar (seja por competência ou caráter).

A pesquisa diz que os compradores antecipam entre 60-90% da jornada de compra antes de chegarem às organizações de vendas. Eles diagnosticam seus próprios problemas, baixam tudo de relevância da web e, em seguida, abordam vários fornecedores ao mesmo tempo para cumprir seus requisitos.

Ninguém ganha aqui.

Compradores e vendedores perdem!

Para os vendedores, representa alta concorrência, baixa taxa de ganhos e baixas margens.

Para os compradores, representa uma festa inexperiente (ou seja, o comprador) que diagnostica seus próprios problemas e escolhe uma solução. E eles não fazem isso muitas vezes... - as organizações de vendas fazem isso o tempo todo. Muitas vezes devido à sua inexperiência, os compradores vão pedir aos vendedores soluções que na verdade não solucionem o problema!

Do ponto de vista de um fornecedor / organização que usa um canal para distribuir seus produtos - quanto mais parceiros oferecerem o mesmo trabalho em um mesmo canal, mais a capacidade deste canal será perdida.

## Novos ciclos de compra

A chave para a venda efetiva com absolutamente nenhuma competição inicial - é ensinar aos clientes que eles têm um problema antes que eles realmente percebam isso. Em termos da jornada do comprador, isso move o comprador de um estado de calmaria para ter seu *status quo* abalado.

Por exemplo - muitas organizações estão pagando uma alta taxa mensal para ter infraestrutura de TI no lugar como parte de um plano de recuperação de desastres. Esta infraestrutura essencialmente não faz nada - além de "estar pronto" no caso de haver um desastre.

Com tecnologias como a Microsoft Azure - que usa um modelo de "pagamento proporcional ao seu uso" (isto é, consumo) - não é necessária a infraestrutura em andamento no local. Ao usar o Azure, você só paga pela infraestrutura virtual quando precisar.

Apontar isso para um gerente de TI - ou mesmo um diretor financeiro - que está gastando R$ 20.000,00 por mês, sem motivo, certamente quebrará seu status quo!

Ao fazer isso, agora estamos com o comprador no início da jornada do comprador - e temos a oportunidade de caminhar com eles ao longo de sua jornada de compra.

O ciclo de vendas é um processo que engloba várias etapas para obter sucesso para seu negócio e melhorar seu contato com o cliente. Entenda como ele funciona!

A boa notícia é que existe uma maneira de tornar esse processo mais previsível, ou pelo menos estabelecer um *script* a ser seguido: o ciclo de vendas.

### O que é o ciclo de vendas?

O ciclo de vendas é formado por uma série de fases necessárias para vender um produto ou serviço, que começa no primeiro contato do cliente com sua empresa e termina no pós-venda.

105

É quando voltamos à ação inicial prospectando novos leads, por isso, a sequência é definida como um ciclo.

Existem processos ocorrendo em paralelo no ciclo de vendas. São eles:

**o financeiro**: você investiu para ter um produto ou serviço à disposição do seu cliente, ao final do processo, espera receber seu capital de volta com lucro;

**o de venda**: é basicamente um cronograma de tarefas para entregar sua oferta para o cliente;

**o de compra**: o processo "pensado" pelo cliente de acordo com seus próprios hábitos de compra.

Podemos pensar no resultado financeiro como um requisito, pois sem lucro o negócio não se mantém.

Já o de vendas funciona bem quando consideramos os hábitos e desejos do cliente ao elaborá-lo. É o que garante uma boa experiência de compra e torna o ciclo mais efetivo.

Mas uma grande sacada para ter sucesso com o método é perceber que o ciclo de vendas está projetado no tempo.

Se você demorar meses negociando com um cliente o ciclo financeiro não se completa, em casos extremos, isso vai significar falta de capital para o negócio.

Além disso, o cliente pode encerrar a negociação a qualquer momento por seus próprios motivos ou por não gostar da experiência de compra — ele tem seu próprio processo e sua própria linha do tempo.

Por último, se o tempo gasto para encerrar seu ciclo puder ser diminuído, você aumenta sua produtividade e, em consequência, o seu resultado de vendas.

A importância do ciclo de vendas

Encontre alguém muito preocupado com a diminuição do ciclo de vendas e provavelmente ele trabalha com "vendas complexas", que na maioria dos casos possui um ciclo mais ou menos longo.

Ciclos mais longos geram mais atenção e preocupação com sua redução, mas os curtos podem ser uma "armadilha", pois sua importância não é tão evidente.

Mas quantas vezes você se perguntou se era o momento ideal para entrar em contato com um cliente?

É bem comum se questionar se ele já teve tempo de pensar na proposta e é hora de solicitar sua resposta, por exemplo.

Já imaginou como seria ótimo saber exatamente a hora certa de agir em cada etapa da venda? De forma a tornar o processo mais fluido, natural e agradável?

Saber o procedimento de cada etapa aumenta a produtividade e a satisfação do cliente com a compra.

## As etapas do ciclo de venda

Não importa se você atua com vendas complexas, no varejo ou até com a venda de ideias, existem algumas etapas comuns para a maioria dos segmentos.

Essas etapas são:

**Prospecção**: a primeira tarefa é encontrar os seus clientes em potencial;

**Contato inicial**: o primeiro contato pode acorrer através de um email, uma ligação, o envio de um brinde, em uma feira de negócios ou no meio digital, com o cliente fazendo uma pesquisa e encontrando um conteúdo como esse que está lendo;

**Qualificação**: nem todos os novos leads estão prontos para uma compra, nessa etapa separamos os maduros para promover o próximo passo com eles;

**Apresentação**: é o momento de contato com o cliente para apresentar seu produto ou serviço e sua proposta comercial;

**Avaliação**: é o estágio de negociação, parte dele pode incluir o tempo de espera do vendedor, quando é o caso de deixar uma proposta para análise do cliente;

**Fechamento**: é a etapa de efetivação da compra através da formalização do negócio;

**Pós-venda**: quando você confere a satisfação do cliente e solicita indicações ou referências.

Algumas empresas podem precisar adicionar ou eliminar etapas. Por exemplo, talvez você precise reunir informações para preparar uma apresentação personalizada.

Em outros casos a qualificação ocorre antes da prospecção, o que é muito comum em empresas que atendem poucos clientes que geram altas receitas.

Já a qualificação após o primeiro contato ocorre principalmente quando usamos o marketing de conteúdo para atrair os clientes.

Nesse caso, estamos nos relacionando com pessoas que têm interesse em algum assunto relacionado à nossa atividade, mas ele pode ainda não estar maduro para a compra ou até ser apenas um curioso sobre o tema.

## A elaboração do ciclo de vendas

Após definir as etapas de forma adequada ao seu caso, será necessário elaborar o que dizer e fazer em cada uma delas.

Estamos falando de uma construção que tem objetivos e metas estabelecidas de acordo com a estratégia do seu negócio, alinhadas com o processo de compra do cliente.

Dito isso, já deve estar claro o que precisa conhecer primeiro, certo?

Estou falando do processo de compra, hábitos e desejos do cliente, e dos objetivos e metas da sua empresa.

Os hábitos do cliente são vitais aqui.

Imagine se ele faz pesquisas sobre determinado produto usando mecanismos como o Google, mas uma empresa tenta estabelecer o primeiro contato com ele fazendo anúncios de jornal.

Obviamente não vai funcionar!

Você precisa investigar detalhes como:

- quando o cliente compra;
- quem o influência;

- como ele pesquisa;
- para quem ele pode pedir indicações;
- quando costuma estar mais disponível;
- que lugares frequenta;
- o que é importante para ele; etc.

Quando mais informação conseguir levantar, mas fácil vai ser elaborar uma abordagem natural, que ocorra no tempo e de acordo com os desejos do cliente.

Nesse momento vai precisar montar o seu ciclo, o que não inclui apenas detalhes sobre o que fazer, mas como, onde e quando.

Dentre essas definições, é preciso dedicar especial atenção à qualificação, que necessita determinar quando o lead está pronto para ser abordado para a compra: a segmentação de leads.

## Como aplicar o inbound e o outbound

Os efeitos do ciclo de vendas são diferentes dependendo do modelo comercial que adotou, especialmente no relativo à escolha entre trabalhar com *inbound* ou *outbound*.

111

Se você não está familiarizado com esses termos e não quer se aprofundar no assunto por enquanto, vou deixar uma definição bem resumida.

Podemos definir o **inbound** como uma estratégia que estimula o cliente a entrar em contato com a empresa através de produção de conteúdo, SEO e interações nas redes sociais. A equipe de vendas é interna e usa de tecnologia para otimizar seus processos.

Já o **outbound** usa de uma prospecção mais tradicional e invasiva, entrando em contato direto com o cliente para oferecer o produto, seja agendando uma reunião de vendas por telefone, seja visitando diretamente o cliente.

Comumente é usado em vendas mais complexas, principalmente quando o consumidor não tem o hábito de tomar a iniciativa de compra e é difícil estimulá-lo — a estratégia tende a um ciclo mais longo.

O ciclo de vendas no Inbound pode ser reduzido nos casos em que o lead entende o seu problema e sabe como solucioná-lo.

Por isso, nessa estratégia é preciso desenvolver habilidade e técnica na nutrição de leads.

Uma boa nutrição permite maior eficiência no estimulo da jornada do comprador em direção à ação de compra, facilitando com que tome consciência da solução, considere fazer a opção e finalmente decida por ela.

No outbound a efetividade do ciclo de vendas depende de outros fatores, como uma boa estratégia para "alcançar" o decisor, ou seja; falar com a pessoa que tem autonomia para fechar o negócio.

A qualificação do cliente costuma ocorrer antes mesmo da prospecção e o processo de venda é mais caro.

Isso implica em deslocamentos e dedicação de um profissional gabaritado.

Por isso, é importante saber levantar informações que permitam selecionar o prospect e, ao mesmo tempo, forneçam subsídios para a abordagem de vendas.

O prazo e a efetividade do ciclo também sofrerão influência da capacidade de desenvolver um contato personalizado, direcionando a conversa e a proposta de venda para necessidades especificas.

Se for possível identificar e mensurar o problema do cliente, apontando uma solução concreta, o profissional de vendas consegue evidenciar a urgência do negócio e diminuir o prazo de conclusão.

Como deve ter ficado evidente, essas estratégias se definem de acordo com a efetividade de seus resultados, o

113

que varia de em razão do cliente, do produto e do quanto elas podem reduzir do prazo de seu ciclo.

## Parceiros de "venda disruptiva"

Os vendedores adoram parceiros que podem executar vendas disruptivas - porque inicia novas jornadas de compra. Ao invés de ter uma grande fatia da luta do canal sobre as propostas de "jornada de comprador atrasado", os parceiros de venda disruptivos começam novas oportunidades que podem levar a novas oportunidades de fornecedores.

Os vendedores adoram a venda disruptiva porque é "concreto". É possível construir uma apresentação de "jornada de visão do cliente" que introduz uma perspectiva de uma maneira melhor de administrar seus negócios.

Armado com este tipo de apresentação, o vendedor é responsável pela agenda - e está realmente tentando ensinar o cliente algo novo. Isso tira todo o "estigma de vendas" que os vendedores ou a perspectiva podem sentir - e agrega valor, mesmo que não leve a uma venda imediata.

## Qual o propósito da parceria?

O grande objetivo da venda por meio de parceiros é o ganho de capilaridade de atendimento. A estratégia – prática comum inclusive em ambientes como a área de TI – resulta, ainda, na expansão do portfólio de ofertas, que tende a ser mais completo e assertivo, pois pode ser personalizado para o cliente final.

Hoje, as empresas não buscam mais apenas um hardware ou um software separadamente. Na busca da otimização da mão de obra, redução de custos e melhora de resultados, a tendência tem se tornado, cada vez mais, definir uma solução completa capaz de combinar eficiência operacional e otimização da gestão de TI como um todo.

Não só as empresas precisam se preparar para essa transformação no ambiente de TI, os canais de vendas também: Considerando o cenário do mercado atual, empresas que querem se destacar frente aos seus concorrentes devem ter seus canais de vendas bem orientados e preparados para definir qual a melhor oferta para o cliente. O objetivo é entregar soluções para ajudar a extrair o máximo de resultados em todos os setores e processos dentro da organização.

Amplo know-how no mercado, percepção do objetivo final do cliente e conhecimento das tecnologias

115

disponíveis no mercado são ponto chave. Listo abaixo algumas dicas para orientar os parceiros na hora da venda, auxiliando desde o momento da escolha da melhor oferta até a entrega da solução ideal.

Alie-se aos provedores de tecnologia – Os canais de TI devem estar orientados para os negócios específicos e entender os players dessa indústria para compreender os softwares e hardwares que envolvem essa vertical. Aproxime-se dos grandes provedores de tecnologia e fabricantes de software que operam em conjunto com os fornecedores.

Existem no mercado players com amplo portfólio de soluções específicas para cada necessidade. Esses softwares apresentam diferenciais para tornar a gestão mais ágil e mais flexível.

Entenda o cenário antes de oferecer a solução – Se envolva no negócio. A indústria em que o cliente está focado exige normalmente um ecossistema de soluções. A oferta ideal será determinada por diversos fatores. Entre eles, podemos destacar o tamanho da empresa, volume de dados, objetivo final, meta financeira, recursos de tecnologia já existentes e investimentos.

Para ambientes de propósito geral, por exemplo, a tendência nos próximos anos é a hiper-convergência – soluções que se convergem e se consolidam em uma única plataforma. Já nas empresas de comércio eletrônico por exemplo, destaco as soluções de TI com alta performance, armazenamento de dados em discos flash. De maneira geral, o ponto principal é apostar em sistemas integrados, já testados anteriormente pelos fabricantes, e que, no final, trarão agilidade, flexibilidade e melhor resultado operacional. Pense em soluções inovadoras como inteligência artificial, big data e TI híbrida. Destaque para essa última, já que muitas empresas devem seguir em busca de soluções capazes de suportar grandes projetos e a infraestrutura hibrida combina, em um único ambiente, todas as vantagens de privacidade e customização (características da nuvem privada com as reduções de custos e flexibilidades da nuvem pública). Segundo um estudo do *Gartner*, até 2020, a nuvem híbrida será a forma de cloud utilizada por 90% das empresas em todo o mundo.

*"Invista em qualidade"*

Com uma forte expectativa da retomada econômica para 2018, empresas que buscam preencher essas lacunas de desenvolvimento de soluções completas irão se destacar. Além disso, para manter o seu negócio no ar, a área de TI deve se dedicar mais à qualidade do serviço e experiência do usuário do que se preocupar somente com a parte técnica. Neste caso, o investimento em qualidade e capacitação são fundamentais. Invista em programas de certificação, treinamentos, e prepare os seus parceiros para trabalhar em conjunto com diversos players da com players da indústria – isso ajuda na diversificação de portfólio.

### O que é marketing disruptivo?

Na verdade, o "disruptivo" é mais um modelo de negócios do que uma abordagem de marketing. A maioria das empresas ainda tende a comercializar por meios tradicionais, o que oferece muitas oportunidades para que empresas rivais interrompam as mensagens atuais. No entanto, os consumidores tornaram-se teimosamente resistentes à mudança de mensagens, graças a um mercado cada vez mais lotado. Para combater isso, o produto ou serviço de uma empresa deve inovar e prestar atenção aos consumidores, entregando exatamente o que o mercado quer.

*Newmarket Disruption* - segmenta clientes que têm necessidades que não foram atendidas por empresas existentes. O aplicativo iTunes da Apple é um desses exemplos.

*Low-End Disruption* - tem como alvo os consumidores que não precisam de todos os recursos valorizados pelos clientes no segmento mais sofisticado do mercado. Por exemplo, o computador pessoal interrompeu o mercado de mainframe e assumiu o mercado de computadores; isso, por sua vez, agora está se tornando o caso dos laptops. Inicialmente, os laptops não tinham o poder computacional de um PC, mas atraíam os consumidores que queriam computação mínima *"on the go"*. Com o tempo, as inovações tornaram os laptops mais poderosos; e assim, eles conseguiram uma participação de mercado ainda maior dos PCs.

Uma empresa disruptiva tem dois objetivos: projetar seu produto ou serviço para atender à demanda de um mercado emergente ou reformular um produto ou serviço existente para atender à demanda de clientes insatisfeitos com a oferta atual. A partir desse ponto inicial, uma equipe de marketing cria uma campanha publicitária com mensagens disruptivas que desafiam o pensamento convencional em um mercado existente ou falam com um novo.

A Apple criou um excelente exemplo da última abordagem quando introduziu um produto verdadeiramente inovador em sua loja de música on-line. Quando o iTunes foi lançado pela primeira vez, os consumidores médios de música queriam comprar as músicas que ouviam no rádio sem necessariamente comprar um álbum inteiro desses artistas. Os singles não estavam mais disponíveis em CD e o governo estava regulando sites de compartilhamento de arquivos online,

119

como o Napster. Ao introduzir uma nova abordagem, o iTunes entregou o desejo dos consumidores de comprar uma música de um artista, bem como o desejo de evitar a posse de horas de música que não iriam ouvir.

As empresas que tentam empregar o marketing disruptivo precisam estar preparadas para mudar seu modelo de negócios, seu produto ou serviço de saída e a mensagem que enviam aos consumidores. Dependendo do tamanho da empresa, isso pode ser um empreendimento arriscado. No entanto, manter o modelo de negócios ao longo do tempo pode ser ainda mais arriscado. Basta perguntar à Kodak, que em menos de 20 anos passou da quarta marca mais valiosa do mundo para a falência. Por quê? Porque eles não estavam preparados para que os clientes parassem de comprar filmes e mudassem para a fotografia digital. O mercado havia sido interrompido e a Kodak não conseguiu se ajustar.

### Quem contrata o Marketing Disruptivo?

Dada a face em rápida mutação dos negócios - e a tecnologia que a suporta -, toda empresa deveria pelo menos se preparar para usar o marketing disruptivo. A indústria mais proeminente atualmente empregando a interrupção do mercado é a indústria de tecnologia. Computadores, telefones, a Web ou qualquer dispositivo ou serviço eletrônico podem ser enviados como um produto minimamente viável e, em seguida, atualizados regularmente enquanto já estiverem em posse de seus clientes.

Um alvo mais amplo para os comerciantes de disrupção, no entanto, é qualquer produto ou serviço que historicamente só tivesse sido acessível aos consumidores com muito dinheiro ou muita habilidade. Um exemplo disso é o Turbo Tax. A empresa mediava um serviço que usualmente exigia a especialização de um indivíduo altamente qualificado - o contador ou o "cara do imposto". O Turbo Tax oferecia um grau comparável de serviço em casa, com a opção de segmentar o tempo do cliente, e era mais barato.

A chave para encontrar uma empresa com probabilidade de usar o marketing disruptivo é ver quem está direcionando os mercados emergentes e / ou tornar um produto ou serviço mais acessível aos clientes em um mercado existente.

Quando a Apple apresentou o iPad ao mundo, as empresas de tecnologia tentaram alcançá-lo. Muitos fabricantes que entram no mercado de tablets usaram o sistema operacional Android para executar softwares em seus dispositivos. No entanto, desde que eles estavam tentando entregar um produto semelhante ao iPad, com características semelhantes e com um preço semelhante, o mercado de tablets Android não poderia igualar o sucesso do iPad.

Enquanto isso, a Amazon estava silenciosamente desenvolvendo o Kindle Fire. Não tinha os mesmos recursos, interface ou recursos que um iPad - mas também não tinha o mesmo preço. Em um excelente exemplo de interrupção de mercado de baixo custo, a Amazon encontrou consumidores que não queriam todos os ótimos recursos do iPad, mas queriam os recursos básicos a um preço básico. Antes do quarto trimestre de 2011, o Kindle Fire não estava disponível. No final do primeiro trimestre de 2012, ele havia captado mais da metade do mercado de tablets Android.

### Como planejar uma ação de marketing disruptivo?

Qualquer empresa que leve a sério a disrupção do mercado deve estar disposta a mudar ou mesmo mudar completamente sua infraestrutura. O marketing de ruptura de sucesso requer um compromisso de longo prazo e, provavelmente, uma mudança fundamental no modelo de negócios de uma empresa.

O primeiro passo no lançamento de uma campanha de marketing disruptiva é obter o *buy-in* interno de cima para baixo. Se uma empresa está simplesmente tentando mudar a mensagem sobre sua marca ou está redesenhando completamente o produto, todos devem se comprometer com a mudança na percepção da marca.

Em seguida, a equipe de marketing precisará coletar todos os dados atuais sobre o mercado-alvo ou emergente. Determinar os padrões de gastos e os perfis dos clientes existentes é importante, mas a equipe de marketing disruptiva deve descobrir mais - por exemplo, por que um cliente comprou um determinado produto ou serviço. Para fazer isso, a equipe precisará usar métodos de pesquisa qualitativa, como observação física, entrevistas e pesquisas. Toda essa mineração de dados é usada para desenterrar os parâmetros de um mercado, determiná-lo, determinar seu estado de espírito e depois falar com ele.

Uma vez determinado o mercado, é hora de as equipes de marketing e design desenvolverem uma estratégia que usará canais de mídia eficazes no mercado. Isso quase inevitavelmente incluirá o desenvolvimento de uma presença online. A equipe de design deve desenvolver conteúdo, criar uma presença de mídia social com uma posição de vendas exclusiva e escrever uma quantidade substancial de cópias (geralmente por meio de blogs).

123

Antes de lançar a campanha, os executivos devem definir diretrizes de marca e mensagens de marketing consistentes. Depois de estabelecidos, é hora de executar o plano. E conforme o plano se desenrola, a equipe de marketing continuará a coletar e interpretar dados revelando a eficácia da estratégia e ajustar a abordagem conforme necessário.

### Porque ter um Gerente de Marca?

Pense nessa posição como o cérebro da estratégia de marketing disruptiva. Os gerentes de marca lidam com todas as mensagens internas e externas, diretrizes e desenvolvimentos em uma estratégia disruptiva. Neste papel crucial, os gerentes de marca:

- Ajudar a organizar e interpretar dados coletados por pesquisadores de mercado, para determinar novos mercados ou mensagens e melhorias que afetarão os mercados atuais.
- Liderar a equipe de marketing na criação de conteúdo criativo e altamente interativo para os consumidores e enviá-lo diretamente aos clientes por meio das mídias sociais, para que ele supere outras mensagens do mercado.

- garantir que a mensagem da marca da equipe de marketing seja representativa da missão da empresa.
- gerenciar cada projeto de marketing do início ao fim, reportando o progresso de uma campanha aos executivos da empresa e, em seguida, ajudar a determinar os próximos passos da empresa.
- facilitar o contato público de uma empresa com seus executivos por meio de entrevistas, eventos de rede e redação de discursos.

### Porque ter um analista de mercado?

No campo do marketing disruptivo, um analista de pesquisa deve ter um olho perceptivo, capaz de perceber as tendências nos dados que os pesquisadores de mercado concorrentes sentem falta. Muitas vezes, em uma campanha de marketing disruptiva, há informações úteis sobre um determinado mercado à vista que ninguém percebeu. Com sua abordagem criativa, esses pesquisadores de mercado podem fazer essa "captura" crucial.

Em vez de uma abordagem somente de números, os analistas neste campo precisam de interação prática com o mercado. Analistas de pesquisa de mercado envolvidos com marketing disruptivo:

pesquisar tendências atuais do mercado, hábitos de consumo e percepção do consumidor sobre a entrega de uma marca, explorando os dados para padrões não descobertos.

faça entrevistas cara-a-cara ou grupos de foco para determinar o que os clientes querem quando compram um produto ou serviço.

Use a pesquisa para criar um perfil e reconhecer os limites de um mercado-alvo para um empregador ou cliente, determinando o que o cliente nesse mercado quer de um produto ou serviço.

gerar e visualizar relatórios sobre todos os dados relevantes antes, durante e depois de campanhas de marketing disruptivas e publicá-los no formato desejado de um executivo.

## Porque ter um diretor de propaganda?

São as pessoas que apresentam as primeiras imagens e impressões de uma marca ao mercado. Em uma campanha de marketing disruptiva, o jogo é mudado ainda mais, exigindo que os diretores tomem decisões em tempo real, aumentando rapidamente as ideias vencedoras e abandonando as ideias que não funcionam. Os diretores coletam dados em um ritmo rápido, permitindo que os anunciantes mudem sua mensagem ou abordagem enquanto uma campanha se desenrola, em vez de esperar pelos resultados em lote. Mais especificamente, diretores:

liderar e supervisionar a equipe que desenvolve uma campanha publicitária.

trabalhe lado a lado com o departamento financeiro para preparar um orçamento gerenciável e estimativas de custos para uma campanha publicitária - que normalmente é visivelmente maior para uma campanha de marketing disruptiva.

Liderar uma equipe em desenvolvimento web, gerando conteúdo interativo, supervisionando a redação de textos SEO e trabalhando em estreita colaboração com mídias sociais que tem como objetivo conectar diretamente com os clientes.

desenvolva um roteiro de produtos que comunique os ativos exclusivos da empresa e crie uma imagem ou mensagem com um recurso disruptivo que atraia clientes novos e existentes.

definir, medir e disseminar métricas para o produto ou serviço e ajustar de acordo.

## Estudar e se atualizar em novas tendências

Como o marketing disruptivo é um campo de estudo mais especializado, haverá poucas escolas, se houver, que ofereçam cursos de nível inferior para esse conceito. Em vez disso, as escolas que oferecem um diploma de bacharel em marketing ou administração de empresas manterão uma visão ampla do campo de marketing. Escolas de graduação oferecem o mais amplo conhecimento de marketing e administração de empresas e, assim, estabelecer uma base para compreender plenamente o conceito de marketing disruptivo.

As habilidades necessárias para ter sucesso nesse campo têm muito em comum com todos os graus de marketing. Excelentes habilidades de comunicação, para elaboração de relatórios e apresentações envolvendo um plano de marketing, são essenciais para o marketing disruptivo. As turmas que desenvolvem essas habilidades não fazem apenas palestras sobre comunicação, mas dão aos alunos modelos do mundo real e práticas de rotina para engajar essas habilidades.

O aluno se familiarizará com os procedimentos de pesquisa quantitativos e qualitativos e tirará conclusões precisas sobre os resultados para desenvolver um plano viável de marketing disruptivo. A maioria das escolas com programas de marketing oferece cursos que pesquisam amplas aplicações de pesquisa e análise, bem como aplicativos mais focados para os alunos interessados em uma carreira em análise de marketing.

Para o aluno que pretende trabalhar com marketing disruptivo, alguns cursos auxiliares são recomendados. Cursos de ciência comportamental são benéficos para o comerciante disruptivo. Também é aconselhável fazer um ou mais cursos em design gráfico, para aprender a visualizar uma marca.

Se você é simplesmente fascinado pelo conceito de marketing disruptivo e todas as suas qualidades, então talvez a melhor opção para você é um grau avançado em marketing. Mudar para um mestrado permite que os alunos concentrem sua área de estudo; os alunos podem trabalhar em direção a uma dissertação de mestrado sobre o assunto de técnicas de marketing disruptivas e sua eficácia. E se você está procurando se tornar um especialista na área, há sempre a opção de continuar com um Ph.D.

Há muitas maneiras de interromper sua carreira. Então, comece a procurar nas escolas de marketing que podem ajudar você a fazer isso.

## Como aplicar disrupção em pequenas empresas?

É possível executar um programa piloto de deslocamento disruptivo dentro de pequenas empresas sem o menor problema e com resultados ainda mais expressivos.

Programas especiais de capacitação para ativação de vendas podem ser executados em pequena escala - no entanto, a chave é realizar um programa de pesquisa intermitente dentro da base de clientes existente, para identificar as ideias disruptivas "antes e depois".

Com base em quanto mais baratas / mais rápidas / confiáveis as soluções de uma organização criaram vários clientes, algumas apresentações de visão disruptiva podem ser criadas.

Uma vez que existem, precisamos apenas encontrar prospectos que tenham um perfil específico, que é provável que combine a percepção disruptiva.

Você não preferiria começar novas jornadas de compra - do que se juntar a várias outras organizações de vendas na licitação para ofertas já na mesa?

### "O comércio contextual vai estar por todo o lado."

Sabia que 40% dos compradores de produtos de bebés são pessoas que vivem em lares onde não há bebés? A estatística, surpreendente, refere-se apenas ao mercado norte-americano, mas foi a conclusão de um estudo da Google/Ipsos: amigos, família e colegas de trabalho são pessoas que, podendo não ter filhos pequenos, são responsáveis por quase metade das compras de artigos para bebé.

É preciso olhar para o comércio e para o marketing de uma forma mais apurada e perceber a oportunidade que representa o comércio contextual, um filão de inovação que tem potencial para ser disruptivo para o setor da distribuição.

Ao passo que um pai ou mãe, com um bebé em casa, terão maior probabilidade de saber onde estão as maiores promoções e ter marcas de eleição, alguém que compra uma prenda para o filho de um amigo estará mais suscetível a uma sugestão de presente que lhe apareça no meio de uma janela de chat em que essa pessoa debate com

131

a sua mulher, por exemplo, sobre que prenda se deve comprar para o bebé do amigo.

É esta a ideia simples por detrás do conceito de comércio contextual: "dar ao consumidor aquilo que ele quer, quando ele quer sem exigir que ele empregue um grande esforço na compra ".

E não se fala apenas de prendas: outro exemplo é combinar um encontro com um amigo por e-mail e surgir, em plena janela de chat, uma caixinha da Uber sugerindo um transporte até ao local do encontro.

Alguém que compra uma lembrança para o filho de um amigo estará mais suscetível a uma sugestão de presente que lhe apareça no meio de uma janela de chat em que essa pessoa debate com a sua mulher, por exemplo, sobre que presente se deve comprar para o bebé do amigo.

Uma ideia basilar do comércio contextual, na era dos smartphones e das redes sociais, é que o consumidor nem sequer precisa de abandonar as apps em que navega para fazer as compras ou chamar os transportes privados. Algumas redes sociais como o Pinterest, o Instagram e, até o Facebook, já estão a aplicar anúncios contextuais — pense nos ícones **comprar** que lhe surgem nessas redes sociais. No futuro, o comércio contextual poderá, mesmo, recorrer a tecnologia de reconhecimento de voz.

A inovação no marketing digital já está a descobrir não só como aplicar soluções de comércio contextual, mas como as aplicar bem. Neste contexto, há três grandes prioridades a meu ver:

(1) garantir a privacidade dos dados;

(2) garantir a segurança das pesquisas e dos meios de pagamento e;

(3) "interpretar corretamente o contexto ", porque o spam é irritante, mas será ainda mais irritante se a mensagem de um anunciante for considerada indesejada num contexto de uma conversa privada.

# CONCLUSÃO

Quando novos competidores com novas ofertas aparecem do nada, você deve elevar seu nível de especialização e foco no cliente.

Vivemos em um mundo de inovação tecnológica rápida, globalização e financiamento agressivo de capital de risco. Mais do que nunca, as organizações de vendas enfrentam a possibilidade de novos competidores disruptivos surgirem do nada para roubar clientes e participação de mercado - e criar um imenso estresse e incertezas.

As organizações de vendas podem se tornar suscetíveis a disrupção no mercado por vários motivos, incluindo:

- Eles continuam a vender e a operar como sempre, alheios às novas ameaças

- Eles perdem negócios e contas, mas não entendem por que, até que seja tarde demais
- Eles perdem de vista o valor que entregam a seus clientes ou o que os clientes mais valorizam
- Eles diluem sua mensagem com medo de não perder oportunidades que os clientes possam considerar
- Eles não criam uma estratégia competitiva adequada para impedir novos desafios competitivos.

É recomendado as empresas se manterem competitivas diante das principais perturbações do mercado ao:

Estabelecendo uma estratégia de vendas competitiva;

Usando nossa "Voz do Comprador" e pesquisa competitiva para identificar os desafios de execução de vendas e por que os clientes escolhem sua empresa - ou concorrentes - para soluções;

Criar as personae atuais do comprador e revisar proposições de valor e mensagens para ressoar claramente com as pessoas mais propensas a favorecer suas soluções;

Desenvolver uma estratégia competitiva para vencer ao enfrentar a concorrência disruptiva;

Aprimorando processos de vendas eficazes focados no comprador;

Atualizando seus processos de vendas para fornecer novas práticas competitivas necessárias para fechar negócios e gerenciar contas;

Fornecendo aos vendedores uma metodologia e mensagens de vendas consistentes e repetíveis, alinhadas com o comportamento e as preferências atuais do comprador

Implementar o processo competitivo de vendas como procedimento operacional padrão em toda a organização

**Otimizando o talento de vendas**

Fornecer aos gerentes de vendas ferramentas eficazes de inspeção, revisão e treinamento para o desenvolvimento de equipes de vendas adaptáveis e altamente competitivas

Permitir que gerentes de marketing e de produto desenvolvam mensagens de solução que ressoem com os compradores, ajudando os vendedores a se diferenciarem das alternativas competitivas

**Alinhando a tecnologia de ativação de vendas**

Facilitando a execução do processo de vendas através do uso de ferramentas e análises integradas ao CRM

Fornecer manuais de vendas orientados com aprendizagem incorporada e reforço de práticas de vendas competitivas

Em um mercado disruptivo, você precisa manter seu dedo no pulso de seus clientes e concorrência e ser capaz de se ajustar com rapidez e precisão. Determinar o que precisa fazer de maneira diferente para se adaptar rapidamente às ameaças da concorrência, conquistar mais negócios e criar agilidade em suas equipes de vendas, marketing e produtos para proteger sua posição e sustentar o crescimento.

Bom trabalho!

## SOBRE O AUTOR

Bruno Alves é fundador e diretor da Foco e Valor, empresa de consultoria que implementa cursos de treinamento em vendas, assim como programas de desenvolvimento de competências gerenciais para construção de equipes de alto rendimento.

Obteve seu bacharelado em Ciências Contábeis na Universidade do Vale do Itajaí – UNIVALI onde também cursou MBA em Gerenciamento de Projetos e Consultoria Empresarial, além de estudos complementares em negociação, análise financeira, inteligência empresarial, planejamento estratégico, gestão de riscos, investimentos, coaching, liderança entre outros. Recentemente se formou-se em *International Business Management* pela *Massachusetts Institute of Buniness* – MIB.

Em seu papel de consultor externo, colaborou ativamente na implementação e projeto dos cursos de desenvolvimento gerencial das empresas por onde passou e na Foco e Valor.

Seus programas de Vendas, Gestão de Projetos e Aprendizagem Organizacional foram desenvolvidos através de estudos e pesquisas realizadas em diversos países como Estados Unidos, Canadá, Espanha, Inglaterra, Brasil e México. Neles participou de encontros e congressos com temas vinculados a sua especialidade e buscando sempre por novas tendências e cases atuais.

Desde 1999 trabalha na área Financeira e Comercial com consolidada experiência em cargos de liderança de equipes produtivas, exercendo a gestão estratégica e tática comercial. E desde 2016 desenvolve pesquisas sobre a teoria e prática comercial contemporânea, inovação, tecnologia e vendas disruptivas.

Seus contatos:

bruno@focoevalor.com.br

www.focoevalor.com.br

(+55 47) 99911-0451